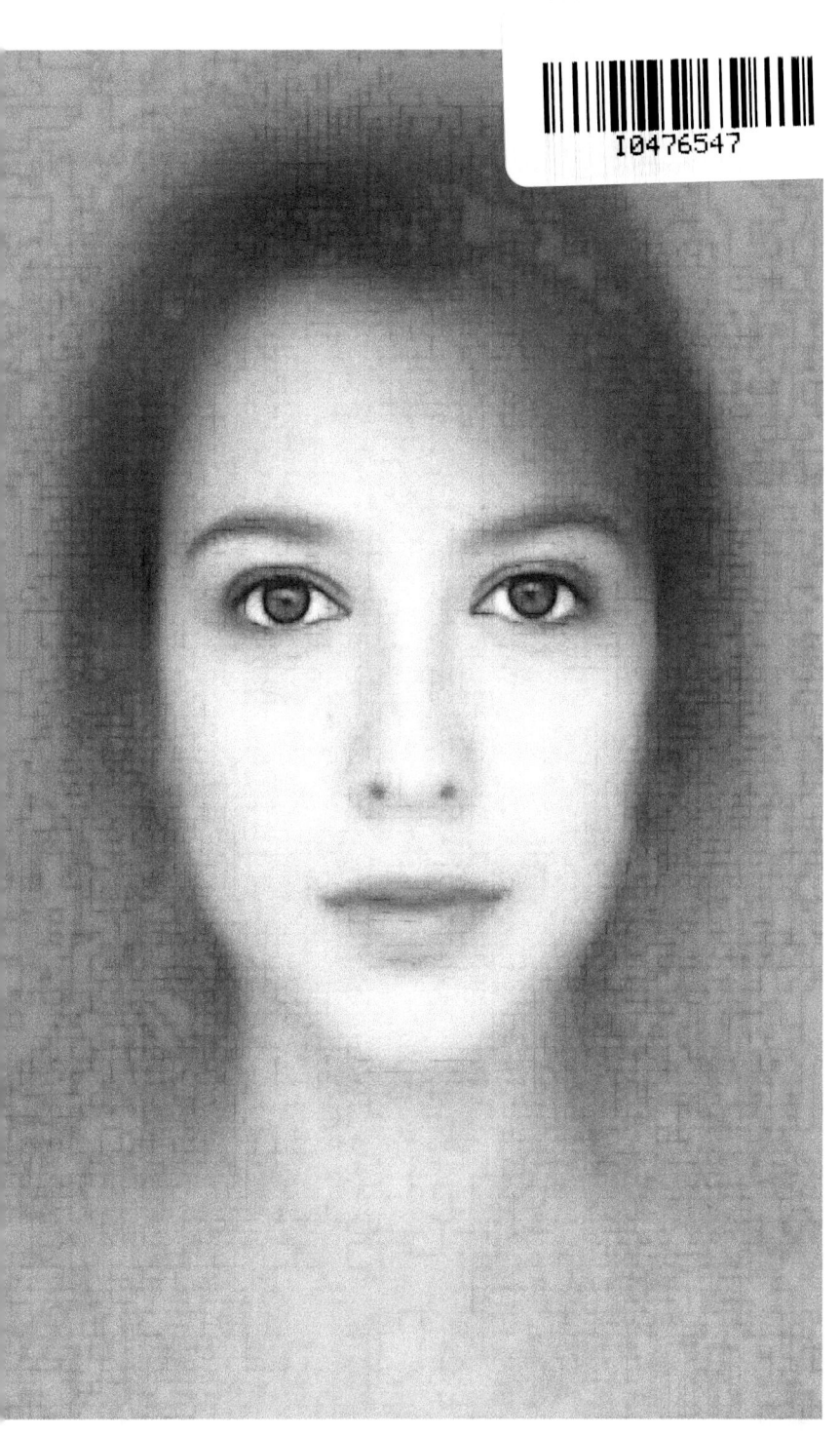

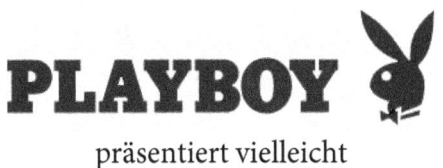

präsentiert vielleicht

Das wahre Buch
vom nördlichen Bettenland

Eva G. Hamilton

im Gespräch mit Maren von Monkiewitsch

mit Illustrationen von

Sandy Sunshine

Über den Autor:

„Lord Schadt ist ein begabter VHS-"Ich-lerne-Schreiben"-Kursler, ein lebensfremder Theoretiker, der sich selbst gerne reden hört, der selbst aber weder das Zeug zum Predigen oder Hassen hat, dafür aber umso mehr zum Spaßeln, ein Weichei, das offenbar alle Merkmale eines typischen, schwuchteligen BRD-Multikulti-Schwaflers vorweist, eine mittelmäßige, sinnentleerte Gestalt ist und sich den letzten Rest seines Verstandes längst weggekifft hat."

Sigrid Schüßler (Ex-NPD-Funktionärin und Predigerin kruder Ideologien bei Pegida)

Schreiben ist eine einsame Tätigkeit.
Veröffentlichen hingegen ist ohne Freunde nicht
möglich.

Ich bedanke mich bei allen meinen Freunden für die
freundliche Unterstützung!

Ganz besonderen Dank verdienen jedoch Carolin Wegner für ihr Lektorat, Sandy Sunshine für die Illustrationen und Jörg Schniete für zahlreiche Überarbeitungen und viele anregende Gespräche.

Liebe Eva G. Hamilton, ich freue mich sehr, sie zum heutigen Interview begrüßen zu dürfen. Ein paar einleitende Worte: Heute ist ihr 30. Geburtstag. Sie sind Deutschlands bekannteste Performance- und Fotokünstlerin im Genre Erotik. Herzlichen Glückwunsch! Das Playboy Magazin widmet ihnen anlässlich ihres Ehrentages ein Lang-Interview. Eine Frage vorweg: Soll ich sie mit Frau Hamilton, mit Eva Gina oder einfach mit Eva ansprechen?

Nenn mich Eva. Ich duze grundsätzlich alle Menschen.

Wie entstand der Künstlername Eva Gina?

Das ist eine urige Geschichte: Der Name stammt aus meiner Kindergartenzeit. Mit vollem Namen heiße ich Eva Guinevera Hamilton. Den Namen Guinevera hat mein Vater beim Einwohnermeldeamt erfunden. Meine Mutter wollte mich Eva Guinevere nennen; Guinevere kommt aus dem Walisischen, hieß früher Gwynhwyfer und bedeutet: die weiße Fee. Mein Vater hingegen fand, dass Guinevera mit ‚a' am Ende besser zu Eva passt. Als ich dreieinhalb Jahre alt war, hat mir mein Vater meinen Zweitnamen mitgeteilt. Er war betrunken. Damals konnte ich Guinevera noch nicht aussprechen, er in jenem Augenblick auch nicht, und im Kindergarten habe ich allen voller Stolz erzählt, dass ich „Eva Gina" heiße.

Eva   Gina

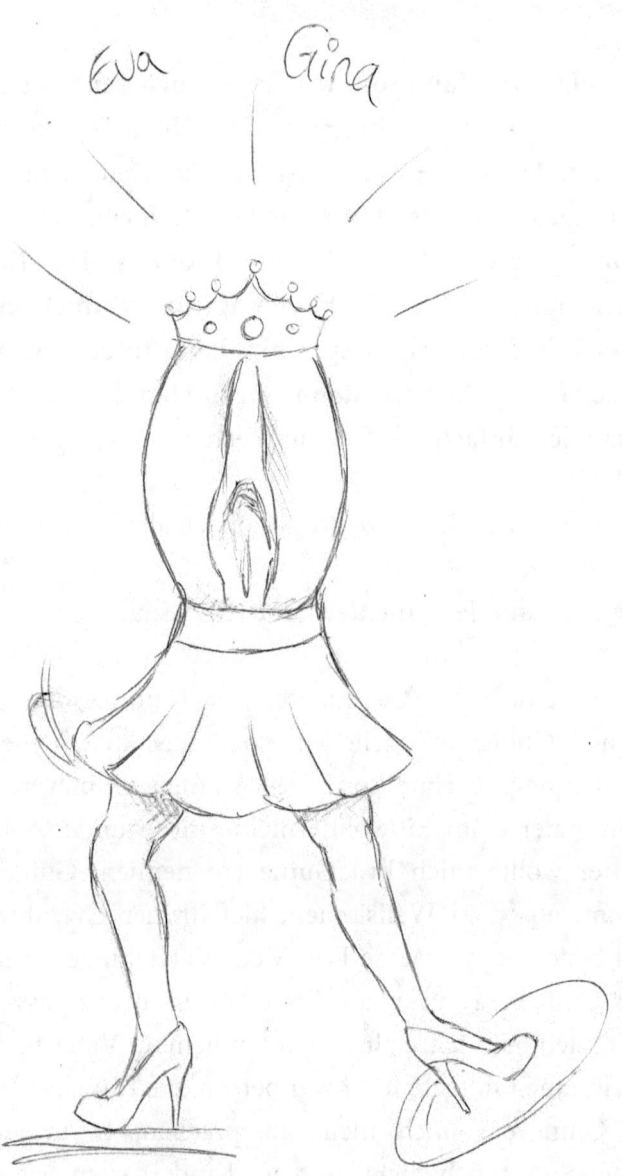

Zwei Jahrzehnte später war ich auf der Suche nach einem Künstlerinnennamen, der weiblich und erotisch klingt; da fiel mir diese Anekdote aus meiner Kindheit wieder ein. Es war wie eine Sternstunde. Eva Gina! Der Name passt in dreifacher Hinsicht: ‚Eva' heißt im Hebräischen die Mutter des Lebendigen. Gina kommt von Regina, die Königin. In der Kombination mit der enthaltenen ‚Vagina' bedeutet mein Künstlerinnenname: Vagina, die Königin des Lebendigen. Oder auch: die lebendige Königin der Vagina. Oder auch: die lebendige Vagina der Königin.

Für dieses Interview haben sie einen speziellen Rahmen gewünscht. Wir sitzen in meiner Privat-Wohnung auf dem Sofa, wir hatten eine vegane Mahlzeit, und bevor ich das antikische Tonband eingeschaltet habe, haben sie mich eingeladen, eine halbe Ecstasy-Pille einzunehmen. Und nun führen wir genau acht Stunden lang ein Interview. Warum ist ihnen diese besondere Form wichtig? Braucht es diese Kunstform als Unterbau für das, was sie mir zu sagen haben?

Heute ist mein 30. Geburtstag, ein Tag des Umbruchs, den ich zelebrieren möchte. Ecstasy ist genau die richtige Substanz für diesen Tag. Ich konsumiere gern psychoaktive Substanzen, allerdings in der Regel nur pflanzliche Entheogene. Um im Interview schon einmal eines vorweg zu stellen: Ich empfehle niemanden den

Konsum von Drogen. Wenn man psychoaktive Substanzen konsumiert, muss man sich bewusst darauf einlassen und sollte sie nur am richtigen Ort, zur richtigen Zeit, in der richtigen Stimmung und noch wichtiger: mit den passenden Freunden konsumieren. Ich habe dich gegoogelt und mag deine Interviews.

Ecstasy ist eine Partydroge, die man nicht jedes Wochenende zu sich nehmen darf. Heute ist jedoch ein spezieller Tag, und ich betrachte dieses Interview als eine Performance, bei der sich zwei Menschen begegnen, deshalb mein Setting für dieses Interview. Ich wünsche mir, dass wir auf einer Wellenlänge miteinander reden, und Ecstasy, unser gemeinsames Essen und das gemütliche Sitzen auf dem Sofa helfen dabei.

Als Kunstwissenschaftlerin befürchte ich, dass ich bei diesem Setting die nötige Objektivität verlieren könnte. Wollen sie mich dazu verleiten, mich aus meiner Disziplin als Journalistin zu entlassen?

Nein, in keiner Weise. Es geht um Kunst. Und zur Beschreibung von Kunst gehört, dass man sich auf Kunst einlässt und begeistern lässt. Jedes Kunstwerk offenbart immer zwei Seiten: eine vom Künstler und eine vom Betrachter. Gleiches gilt für Interviews, da jeder Interviewer bestimmte Fragen auswählt und andere nicht. Ein gutes Interview sollte daher immer so kritisch sein, dass es für beide Seiten anregend ist: für den Interviewer und für den Künstler. Ich bitte dich deswegen, ehrlich zu sein. Und mutig. Ist das in Ordnung für dich?

Ja.

Und hier haben wir einen Rollenwechsel. Eben hab ich dir eine Frage gestellt, und du hast geantwortet. Du konntest gar nicht anders, stimmt's? Das gefällt mir in der Kunst: Menschen kommen zu meinen Performances in der Hoffnung, Antworten auf ihre Fragen zu bekommen. Und die Antworten geben sie sich selbst. Aber zurück zum Setting. Wie du weißt, gebe ich selten Interviews. Ich habe die Erfahrung gemacht, dass die meisten Journalisten zu sehr in ihrer Welt leben und keine Zeit mehr haben, sich länger mit einem Thema auseinanderzusetzen. Für Künstler ist das auf den ersten Blick vorteilhaft, da sie Journalisten sehr genau vorlegen können, was am nächsten Tag wiedergekäut in der Zeitung steht. Mir ist das zu wenig. Ich habe heute Geburtstag, bisher habe ich noch keine Autobiografie geschrieben. Ich möchte mit diesem Interview eine Rückschau auf mein bisheriges Leben wagen. Wie die 68er sagten: Trau keiner über 30. Daher ist heute die letzte Chance für ein ehrliches Portrait der Künstlerin als junge Frau.

Wer war Eva Gina Hamilton?

Es gibt nicht eine Eva G. Hamilton. Faust sagte: Zwei Seelen wohnen, ach, in meiner Brust. Ich habe zwei Brüste, also mindestens vier Seelen. Realistisch betrachtet noch einige mehr. Meine Berufung ist die Performance- und Fotokunst. Wenn man von einem gemalten Sonnenblumenstrauß absieht, den meine Oma vor 25 Jahren für eine Mark gekauft hat, habe ich bisher mit meiner Kunst nicht einen einzigen Euro verdient. Meine Berufung ist also keinesfalls ein Beruf. Ich kann auch mit der Frage „Wer bin ich?" wenig anfangen. Ich weiß nicht einmal, was für eine Antwort erwartet wird, da ich keine Erwartungshaltungen befriedigen möchte. Einige Menschen hatten mit mir die spannendste Nacht ihres Lebens, weil ich ihnen gab, was sie wollten. Und andere, weil ich ihnen nicht gab, was sie wollten. Die bessere Frage wäre daher: Wen siehst du in Eva G. Hamilton? Und wenn ich morgens vor dem Spiegel stehe, hätte ich fast täglich eine andere Antwort. Heute Morgen war ich ein Frühlingslüftchen mit schlecht sitzender Frisur. Vor zwei Tagen war ich eine flammende Furie, bereit mit meinem Feuer Nahrungsmittelspekulanten zu versengen. Und vor drei Tagen war ich die liebe Tochter – sich freuend auf Kaffee und Kekse.

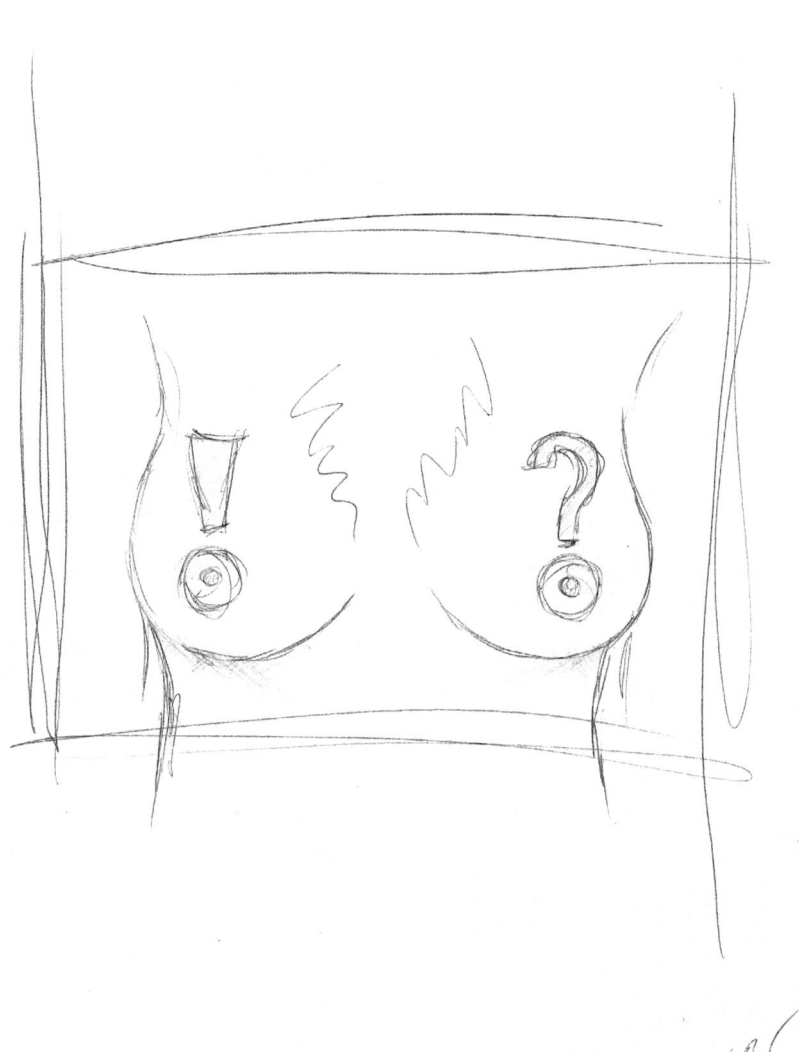

Dann kommen wir besser auf das Thema ihrer Entwicklung zu sprechen. Juristische Auseinandersetzungen scheuen sie nicht. Vor rund zehn Jahren haben sie ihr berühmtes Plädoyer vor Gericht mit den Worten begonnen: „Das Leben ist Performancekunst. Und Kunst darf alles." Stehen sie weiterhin zu diesen Worten?

Ja. Kurz gesagt: Jedes Leben kann als eine Art Performance betrachtet werden. Um das zu erläutern, möchte ich Performancekunst kurz charakterisieren: Performancekunst ist eine situationsbezogene, handlungsbetonte und vergängliche künstlerische Darbietung eines Performers. Und so ist das Leben eine Langzeitperformance, die mit der Geburt beginnt und mit dem Tod endet. Jeder Mensch wird ohne Auftrag in diese Welt geboren. Wir lernen von Situation zu Situation zu handeln, und das beste was wir machen können, ist das Leben als Kunst zu betrachten, als vergängliche künstlerische Darbietung. Die lebendige Betrachtung von Kunst kann uns dabei helfen, zwischen guter und schlechter Kunst zu unterscheiden, zwischen guten und schlechten Geschichten.

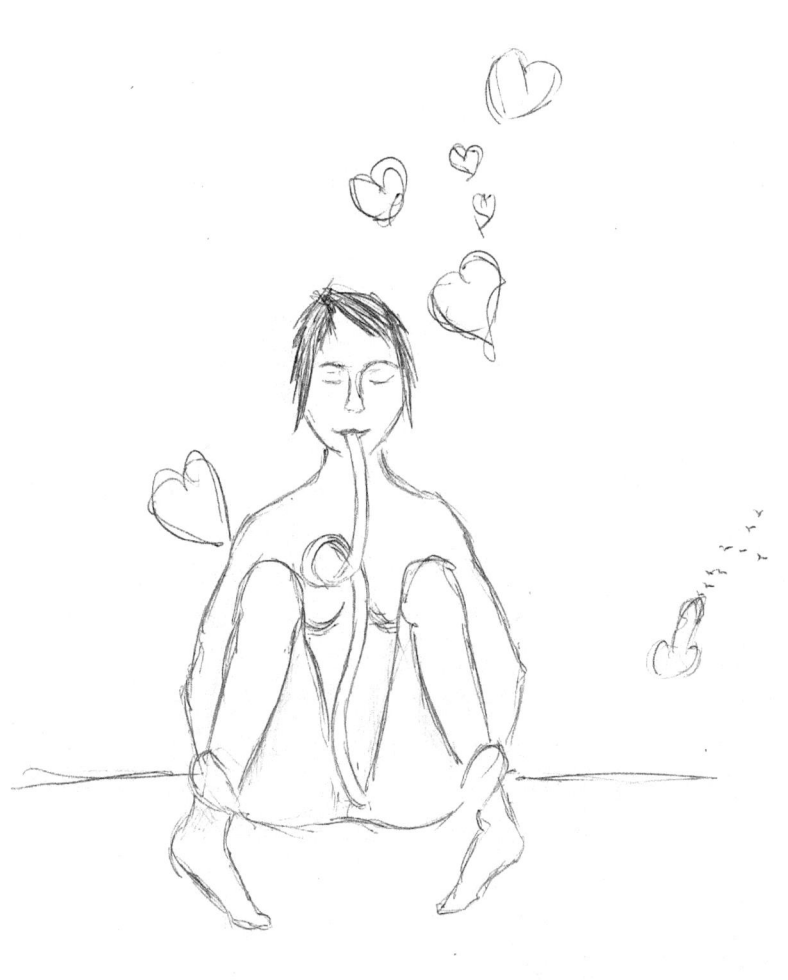

Das lädt dazu ein, ihre Entwicklung ganzheitlich zu betrachten. Sie haben vorhin schon den Kindergarten erwähnt. Welche frühen Erlebnisse haben ihre Laufbahn als Künstlerin nachhaltig geprägt?

Das wichtigste Erlebnis ist die Entdeckung meiner Sexualität. Wenn ich mich recht erinnere, so hatte ich meine ersten sexuellen Fantasien, nachdem ich „Drei Haselnüsse für Aschenbrödel" sah. Ich stellte mir vor, ich wäre eine Prinzessin, die von ihrem Prinzen auf einem Pferd abgeholt wird, und dann im Schloss vom Prinzen am ganzen Körper abgeleckt wird. Es hing wohl damit zusammen, dass ein Junge im Kindergarten von Zungenküssen erzählte und sagte, dass sich alle Erwachsenen im Bett überall ablecken. Der Gedanke des Ableckens hat meine Fantasien lange geprägt, und als junges Mädchen habe ich mich gerne an allen Stellen geleckt, die ich mit meiner Zunge erreichen konnte. Vielleicht liegt's daran, dass ich gerne lecke und geleckt werde.
Hattest Du auch seltsame Fantasien in deiner Kindergartenzeit?

Wer nicht? Doch erzählen sie mir noch mehr von der jungen Eva.

Mir scheint, du bist voyeuristisch veranlagt, offensichtlich hast du dein Metier gut gewählt. Hör zu! Da war ein

Junge, mit dem ich mich zum Spielen verabredet hatte. Er wollte unbedingt ,Doktor' spielen – das alte Klischee –, und hatte so einen Kinder-Arztkoffer mit Plastikstethoskop. Ich habe mich also für ihn unten rum ausgezogen, weil er mit dem Kinderstethoskop an meiner Mumu lauschen wollte. Wieso? Ich weiß es nicht mehr. Es war ein seltsames Erlebnis. Er drückte das Stethoskop fest auf meine Mumu und lauschte und lauschte und lauschte, vermutlich ohne was zu hören. Das Drücken schmerzte ein wenig, gleichzeitig war es unerhört intim. Da lernte ich, dass meine Mumu eine Faszination auf Männer ausübt und auch auf mich selbst.

Welchen Einfluss hatten ihre Eltern auf ihre Entwicklung zur Künstlerin?

Meine Eltern sind keine Künstler im Kunstsinne, sondern Arbeiter. Sie haben mich immer unterstützt, ohne zu wissen, was ich mache. Das rechne ich ihnen hoch an. Für sie und meine Schwester war es schwierig, nachdem es sich immer deutlicher abzeichnete, dass ich eine Künstlerin werde. Sie haben mir dennoch immer die Freiräume gelassen, die ich für meine Entwicklung brauchte. Ich respektiere ihren Wunsch, dass sie ihr Leben privat halten möchten. Meine Kunst ist von ihnen nur indirekt beeinflusst, nämlich von der sozialen Schicht, in der ich aufgewachsen bin.

Inwiefern?

Ich komme aus der so genannten Arbeiterschicht. Oder konkreter: aus der finanziell gesicherten, man könnte sagen: spießigen Arbeiterschicht. Ich bin mit Platten von ABBA, Heino und den „Disco-Hits im Hammond-Sound" aufgewachsen. In der Wohnung meiner Eltern hängen Reproduktionen von floralen Kunstwerken an den Wänden. Soziologen bezeichnen meine Herkunftsfamilie als ‚kunstfern'. Diese Herkunft hat auch meine Karriere geprägt, da ich in der Kunstwelt immer die Perspektive einer Außenseiterin habe, sowohl in meiner Kunst als auch in meinem Verhältnis zum Kunstmarkt.

Und welche Menschen haben ihnen den Weg in die Kunst geebnet?

Da gab es im Wesentlichen zwei Menschen, die mir die Pforten zur Kunst geöffnet haben. In der siebten Klasse hatte ich eine außergewöhnliche Kunstlehrerin. Frau Cornelia ‚Conny' Bergmann. Sie war Althippie und ist im Woodstock-Video drei Sekunden lang tanzend im Publikum zu sehen. In der siebten Klasse hatten wir eine Übung, bei der wir Comic-Figuren maßstabsgerecht vergrößern sollten, indem wir Bilder in Raster aufgeteilt haben, die wir dann jeweils in größere Raster übertragen sollten. Diese Übung sprengte die Grenzen meines

Kunstbegriffes, es hatte so gar nichts mit dem zu tun, was ich unter Kunst verstand, weil wir nichts anderes machen sollten als ein Fotokopierer, den man auf vergrößern stellt. Ich hab mich deswegen der Übung verweigert, bin rausgelaufen, hab mich unter einen Baum gesetzt und meditiert, also den Sonnenschein genossen. Conny hat mich deswegen nie kritisiert, ich habe angefangen, sie dafür zu mögen. Sie war ein widerspenstiger Kopf mit Potential, ich auch. Die nächsten Jahre nahm sie mich unter ihre Fittiche; sie zeigte mir, was Kunst alles sein kann. Was ich von ihr gelernt habe, war weniger Handwerk, sondern Haltung. Sie wohnte auf einem Dorf in einer Art Kommune mit zwei Männern, und in späteren Schuljahren konnte ich sie immer für ein paar Tage besuchen, wenn ich mit meinen Eltern zu viel Stress hatte. Für sie war Polyamorie eine Selbstverständlichkeit, lange bevor der Begriff in den Medien war. Gelegentlich hat sie mich auf ihrem Motorrad mit zu Kunstausstellungen in fernere Städte mitgenommen, und in den Nächten schliefen wir freundlich aneinander gekuschelt in Hotelzimmern. Von ihr habe ich gelernt, dass man auch ohne Sex kuscheln kann.

Der zweite Türöffner war mein Exfreund zu Schulzeiten. Er war Sänger in einer Psychedelic-Band. Seine Eltern waren Lehrer und hatten eine riesige Schallplatten- und Büchersammlung. Wir haben Monate damit verbracht, nach der Schule zu kiffen, zu vögeln, Platten zu hören und Bücher zu lesen. Aus dieser Zeit kommt meine Liebe für die Musik der 60er, zu den Büchern von Timothy Leary und von den Taoisten. Von Steffen habe ich auch eine wichtige Erkenntnis: Medienwissenschaftlich betrachtet gibt es nur zwei Arten Menschen, nämlich Sender und Empfänger, und man muss sich entscheiden, ob man lieber Sender oder Empfänger ist. Ich habe mich entschieden, Sender zu sein.

In dieser Zeit hatte ich für die Steffens Band die Gestaltung der Bühne übernommen und Events für Konzerte geplant. Es gab ein Konzert, bei dem ich die Bühne mit 357 Räucherstäbchen eingenebelt hatte. Ich konnte zwar den Stunk des Publikums nicht ausblenden, allerdings wurde noch Tage darüber gesprochen, dass nach dem Konzert einige Hundert Wohnungen nach den verräucherten Klamotten der Besucher dufteten. Aus dem flüchtigen Element Duft habe ich so eine bleibende Installation in den Köpfen der Besucher errichtet.

Bei einem anderen legendären Konzert von Steffen verteilte ich eine Lichtinstallation aus tausend Teelichtern im Raum, und den Besuchern wurden Spektralbrillen ausgehändigt, die aus jeder Lichtquelle neun Regenbögen machen. Und neben anderen Konzerten ist mir das Konzert am FKK-See in bester Erinnerung, bei dem sowohl die Band als auch das Publikum nackt waren. Eine Orgie, die zu wilden Artikeln in der Lokalpresse führte. Ein Lokalreporter hat das Konzert besucht, und auf dem Nachhauseweg wurde er wohl von einem stöhnendes Pärchen in einem Gebüsch irritiert. Daraus wurde die Überschrift: „Sex-Orgie am Nordstädter See". In Wahrheit waren beim Konzert nur rund 30 Gäste, darunter fünf Mädchen. Die Band musste unplugged spielen, weil sie keinen Generator hatten, der Sound war daher unter aller Sau. Außerdem fing das Konzert erst an, als es schon dunkel war, weil sich im Hellen niemand ausziehen wollte. Es war also in jeder Hinsicht unspektakulär, wenn man von dem Presse-Echo absieht. Daraus habe ich gelernt, dass es nicht wichtig ist, wie gut eine Veranstaltung ist, sondern vielmehr, was am nächsten Tag in der Zeitung steht. Das Konzert hat mir ein Semester in praktischer Medienkompetenz ersetzt.

Haben sie heute noch Kontakt zu ihrem Ex-Freund?

Nein. Nach rund anderthalb Jahren hatten wir uns über und haben uns mehr oder weniger freundlich getrennt. Meines Wissens ist er heute Professor für Medienrezeptionsforschung in Berlin.

Von welchen besonderen Kunsterlebnissen aus ihrer Schulzeit möchten sie mir denn noch erzählen?

Ja, da gibt es einige, eins davon bezeichne ich heute als meine erste Performance mit dem Titel: „Body Tequila". Nachdem ich mich von Steffen getrennt habe, war ich viel im Nachtleben unterwegs. Bei einer Geburtstagsparty hatte ich vergessen, ein Geschenk zu besorgen, und da mir nichts besseres einfiel, hab ich dem Gastgeber und allen Gästen „Body Tequila" serviert. Ich lag auf einem Tisch, die Brüste entblößt, und jeder Gast durfte von meinen Brüsten Salz lecken, aus meinem Bauchnabel Tequila trinken und im Mund hatte ich die Zitrone. Meine liebste Busenfreundin bereitete mich nach jeder Runde neu zu, tupfte mir die Brüste mit einem Handtuch trocken und präparierte mich mit Salz, Tequila und Zitrone. Die Jungen standen Schlange. Innerhalb einer Stunde flossen zwei Flaschen Tequila durch meinen Bauchnabel. Meine Freundin passte auf, und mit klaren Anweisungen: „Salz! Tequila! Zitrone!" erreichte sie, dass niemand zu lange an meinen Brüsten leckte. Es war schwierig, die ganze Zeit ruhig zu liegen. An den Brüsten bin ich leicht erregbar, im Bauchnabel kitzlig. Ich schaffte es dennoch, mich die Stunde kaum zu bewegen. Es kamen sogar ein paar Mädchen zwischendurch, die unbedingt Tequila von meinem Körper schlabbern wollten. In dieser Stunde wurde ich zur Performancekünstlerin.

Ich kann jedoch allen Mädchen, die nicht Künstlerin werden möchten, heute nur empfehlen: Macht das nicht! Es war damals noch eine andere Zeit ohne Smartphones und Digitalkameras. Wer heute einen Body Tequila serviert, muss leider damit rechnen, dass sie am nächsten Tag auf Youtube herumgereicht wird. Social Media kann fies schmecken, aber das ist ein anderes Thema.

Die Body-Tequila-Performance hatte übrigens noch ein Nachspiel. In der Schule tratschte sich die Geschichte schnell herum, und ein paar Tage darauf wurde ich zum Direktor beordert. Er stellte mir unangenehme Fragen über mein Sexual- und Familienleben. Das Gespräch endete damit, dass ich ihm Folgendes erklärte: „Ich habe kein Problem mit meiner Sexualität, das einzige Problem, das ich habe, ist ein voyeuristischer Direktor, der unschuldige Teenager nach ihrem Sexualverhalten ausfragt. Und wenn sie noch eine weitere Frage stellen, dann beantrage ich ein Gespräch mit meiner Vertrauenslehrerin Frau Cornelia Conny Bergmann." Den Wortlaut weiß ich deshalb noch genau, weil ich ihn schon vor dem Gespräch notiert hatte. Er verstummte, zeigte mir den Weg zur Tür, den ich auch ohne ihn gefunden hätte, und ich musste wieder zurück zum Französischunterricht. An diesem Tag ist mir aufgegangen: Alles ist Performance.

Nächste Woche werde ich übrigens mit guten Freunden meinen Geburtstag nachfeiern und werde zu diesem Anlass meine Performance „Body Tequila" wiederholen. Diesmal werde ich anstelle des Tequilas selbst hergestellte psychoaktive Kräutertonics servieren. Kann ich dich damit ein bisschen neugierig machen?

Welche namhaften Künstler haben sie in ihrer Jugend zum Idol auserkört?

Du meinst vermutlich auserkoren. Von Idolen würde ich aber nicht sprechen, doch einige Künstler haben mich sicher geprägt. Während meiner Nachmittage und Nächte mit Steffen haben wir gemeinsam Bücher gelesen und sehr viel Musik aus den 60ern gehört. Selbstverständlich bin ich nicht um Timothy Leary herum gekommen, der in den 60ern ganz Amerika angeturnt hat. Es gibt praktisch keinen wichtigen Künstler aus dieser Zeit, der nicht von Timothy Leary LSD erhalten hat. Ich folgte seinen Anweisungen zum Konsum psychedelischer Substanzen und habe daraus gelernt, wie wichtig es ist, ein perfektes Set und Setting zu setzen. Ähnlich halte ich es auch bei allen meinen Performances. Wenn man möchte, dass sich das Publikum auf eine Performance einlässt, dann muss man ein Ziel vor Augen haben, einen passenden Raum schaffen und die richtige Zeit finden. Man muss Timothy Leary als einen politischen Performancekünstler betrachten, der seiner Zeit weit voraus war. Er galt lange Zeit als der meistgesuchte Verbrecher Amerikas, ist aus dem Gefängnis geflohen, ließ nach dem Tod seine Asche ins All schicken, war ein Internet-Pionier und ein Psychonaut. Ja, auch ich bin eine Psychonautin, die in die Tiefen ihres Bewusstseins reist. Meine Liebe zu psychoaktiven Substanzen, besonders zu Psilocybin, THC und Meskalin, stammt aus der Lektüre von Timothy Leary. Yeah!

Der zweite Mensch, der mich zutiefst beeindruckt hat, ist Yoko Ono. Sie ist eine Polit-Aktivistin, dazu noch eine Performance- und Fluxus-Künstlerin und geniale Musikerin. Mit Steffen habe ich manchmal nächtelang nur die alten Platten von Yoko Ono gehört. Musik, die einen beim ersten Reinhören anfremdelt, aber mit jedem weiteren Hören besser wird. Als ich mich von Steffen trennte, habe ich noch Yoko Onos Performance-Anweisungsbuch „Grapefruit" geklaut, das seinen Eltern gehörte. Ich habe ihnen das Buch nie zurückgegeben. Mittlerweile lese ich alle Bücher digital auf meinem E-Book-Reader, 'Grapefruit' das letzte Buch, das ich heute noch in nicht-digitaler Form besitze. Die erste Performance in dem Buch lautet: „Burn this book, after you've read it." Wenn ich irgendwann in einem Krematorium verbrannt werde, möchte ich, dass dieses Buch bei mir ist.

Und schließlich ist da noch Dschuang Dsi, der ein taoistisches Anekdotenbuch im dritten Jahrhundert vor Christus geschrieben hat. Die Geschichten sind jeweils nur eine Klolänge lang, und mehrere Jahre hab ich sie immer auf der Toilette gelesen. Ich wurde nie christlich erzogen, und vom Herzen her bin ich Taoistin, was auch immer das in der heutigen Zeit heißen mag. „Der Zaunkönig baut sein Nest im tiefen Wald, und doch bedarf er eines Zweiges nur. Der Maulwurf trinkt im großen Fluss, und doch bedarf er nur so viel, um seinen Durst zu stillen." Dschuang Dsi gab seinem Buch den klangvollen Titel: „Das wahre Buch vom südlichen Blütenland".

Wie bitte?

Eva Gina wohnt in der weiten Welt und benötigt nur einen Rucksack.

Das ist ein schönes Stichwort zu ihrem Lebensstil. Es heißt: Sie haben seit rund zehn Jahren keine Wohnung und leben auf der Straße. Warum haben sie sich für diese Art zu leben entschieden?

Das stimmt so nicht ganz, ich lebe nicht auf der Straße, sondern eher ‚on the run'. Richtig ist: Ich habe keine eigene Wohnung, sondern übernachte immer dort, wo es gerade passt. Meine Freundin nennt mich Vamp-Tramp. Die Entscheidung zu dieser Lebensführung habe ich, wenn ich ehrlich bin, nicht bewusst getroffen, es hat sich eher so entwickelt. Zu Beginn meines Studiums war ich auf WG-Suche, habe allerdings schnell gemerkt, dass ich mir kein eigenes Zimmer leisten will. Die ersten Wochen übernachtete ich bei Freunden, mal hier, mal dort, bis ich merkte, dass ich mich wohl fühle. Also habe ich überlegt, was ich benötige, habe mir einen nützlichen Rucksack gekauft und meine Notwendigkeiten gepackt. Seitdem verbringe ich die Nächte meistens bei Freunden und Bekannten, tagsüber bin ich in einem

Gemeinschaftsatelier, bei Freunden oder in diversen Cafés.

Gestatten sie mir und den Lesern einen Einblick in ihren Rucksack?

Das wichtigste Utensil ist ein Handtuch. Wenn Sterne vom Himmel fallen, dann benötigt man ein Handtuch, um sie aufzufangen. Außerdem habe ich ein sehr scharfes Messer. Egal, was Outdoor-Junkies auch sagen, das einzige Gerät, das man wirklich braucht, ist ein Messer. Dann sind in meinem Rucksack eine Wechselhose und ein Wechselpullover, Unterwäsche für genau eine Woche, eine Zahnbürste und eine Haarbürste. Ich verzichte auf Shampoo und wasche meine Haare nur mit Wasser, was meinen Haaren sehr gut tut, ich muss sie dadurch etwas länger bürsten. Ich verzichte auf überflüssige Zivilisationssüchte wie Pflegelotionen, Seife, Deos, da mein Körper am besten weiß, was er braucht. Ich dufte nach Eva Gina. Und dann habe ich in meinem Rucksack meine Arbeitsgeräte: das Buch „Grapefruit" von Yoko Ono und meinen Laptop, der übrigens von Apfel ist, einem Punker, der ihn mir günstig verkauft hat. Und außerdem habe ich in meinem Rucksack ein verschnörkeltes Kistchen, doch Eva verrät nicht, was darinnen ist.

Mir wird manchmal vorgeworfen, dass ich bei Performances auch nackt auftrete, wenn es für die

Performance nicht zwangsläufig notwendig ist. Wenn man jedoch nur zwei Paar Wechselklamotten hat, inklusive einiger Accessoires, um den Übergang zwischen den Jahreszeiten etwas milder zu gestalten, dann ist es mir unangenehm, in meiner Alltagskluft aufzutreten. Deshalb meide ich verrauchte Kneipen und Clubs, denn ich wechsle meine Klamotten selten und habe keine Lust, tagelang nach Qualm zu stinken.

Bringt so ein Leben auch Probleme mit sich?

Das ist schwer zu sagen. Natürlich ist es nicht immer leicht, wenn es dunkel wird und ich noch nicht weiß, auf welchem Sofa oder Fußboden, in welcher Hängematte, in welchem Bett oder in welcher Badewanne ich schlafen werde, sofern ich überhaupt zum schlafen komme. Doch was ist die Alternative? Wenn ich eine Wohnung hätte, brauchte ich auch viel Zeit zum Arbeiten, um die Miete zu bezahlen, und müsste mir Gedanken um Ordnung und das Aufräumen machen. Das fällt für mich weg. Außerdem würde mir etwas ganz Entscheidendes fehlen: die Erlebnisse, die ich als Gast machen darf. In den zehn Jahren habe ich in mehr als Tausend verschiedenen Wohnungen, Villen, Häusern und Gartenlauben übernachtet. Dabei habe ich viele Tausend Menschen kennen gelernt. Man kann Psychologie studieren, oder man kann sich mit vielen Menschen unterhalten. Der letzte Weg ist direkter und für mich spannender.

Und was machen Sie, wenn Sie keinen Unterschlupf für die Nacht finden?

Diese Frage stelle ich mir nicht. Du fragst dich doch auch nicht, was du machst, wenn du nach Hause kommst, und deine Wohnung versehentlich abgerissen wurde, oder wenn deine Wohnung abgebrannt ist, oder wenn ein besoffener Pilot seine Cessna in deinem Bett geparkt hat. Für das Leben, das ich führe, benötige ich eine gewisse Zuversicht. Ich fühle mich ein bisschen wie ein Fisch im Wasser, der schwimmt, solange er von Wasser umgeben ist.

Das hört sich nach einem Leben an, vor dem uns unsere Eltern immer gewarnt haben. Ist die Angst unserer Eltern berechtigt? Gab es auch negative Erlebnisse?

Erlebnisse sind erst einmal nur Erfahrungen, die ich nicht als negativ oder positiv bezeichne. Ich lerne aus meinen Erfahrungen. Ich betrinke mich zum Beispiel nur selten und nur dann, wenn ich vorher weiß, wo ich schlafe. Und ich verbringe keine Nacht im Bett mit Männern, von denen ich nichts möchte. Beim Couchsurfen lese ich mir immer die Kommentare über meine Gastgeber durch und schreibe gerne freundlich-witzige Kommentare über Gastgeber, die mein Leben bereichert haben. Beim

Couchsurfing-Portal bin ich übrigens die Couchsurferin mit den meisten positiven Bewertungen.

Ist das bereits eine Leistung, auf die man stolz sein kann?

Stolz, Ehre, Ehe, Moral, alles Laber-Rharbarbara. Stolz ist das falsche Wort, allerdings erfahre ich eine gewisse Freude. Wenn man sein Leben als Gast in fremden Leben verbringt, dann bekommt man sehr viel Zeit, Essen, Raum und Lebensfreude von seinen Gastgebern geschenkt. Die meisten Menschen sind freundlich und herzensgut. Das Geschenk, das ich immer gebe, das bin ich. Manchmal meine Kochkunst, mein Augenzwinkern. Immer meine Persönlichkeit. Ich erzähle von meinen Erfahrungen und meiner Kunst und betrachte jede Nacht als eine Performance, bei der ich dem Publikum alles gebe, was ich geben kann.

Ihre Lebensweise widerspricht allen bürgerlichen Lebensregeln. Haben Sie manchmal das Gefühl, verrückt zu werden?

Sicherlich, wenn auch eher indirekt. Ich unterscheide zwischen meinem Privatleben und der Künstlerfigur ,Eva G. Hamilton'. Die Erfahrungen, die ich privat sammle, beeinflussen mich jedoch als Künstlerin. Wenn man bei einem Zeitarbeiter übernachtet, der trotz einer 40-

Stunden-Woche gerade genug Geld verdient, um seine Wohnung, sein Essen und sein für die Arbeit notwendiges Auto zu finanzieren, dann fängt man automatisch an, das derzeitige Wirtschaftssystem in Frage zu stellen. Ebenso ist es mit der Gastfreundschaft: Ich übernachte oft bei armen Menschen, oft auch bei etwas reicheren. Die Wohnungen der superreichen Menschen bleiben mir allerdings verschlossen. Es kommt mir ein bisschen so vor, als würden wir von einer Arschloch-Kaste regiert, die man nie zu sehen bekommt. Aber ganz im ernst: Ich möchte nicht in Irrenhäusern übernachten.

Sie haben vorhin erwähnt, dass sie bisher nur ein Bild für eine Mark an ihre Oma verkauft haben. Für eine Mark konnte man auch damals nicht viel kaufen. Wie finanzieren sie ihren Lebensunterhalt?

Wenn möglich, versuche ich ohne Geld zu leben. Geld benötige ich ausschließlich für Nahrungsmittel und für Transportmöglichkeiten. Ich verbringe viel Zeit in öffentlichen Cafés und gönne mir gerne Kaffee, eine warme Suppe und manchmal auch ein Glas Wein. In einigen Cafés kenne ich den Wirt persönlich, und für Getränke helfe ich dort an der Theke aus. Mein Hobby ohne Lobby ist das Kochen und das Verköstigen von Gastgebern. Lebensmittel kann man umsonst bekommen, zum einen gehe ich Containern, zum anderen gibt es Tafeln, bei denen ich mich versorgen kann. Das bisschen

Geld, was ich noch brauche, verdiene ich mit Gelegenheitsjobs.

Wir sprechen hier also über ein prekäres Vagabundenleben, das sie als Kunst verkaufen möchten?

Ein guter Freund gehört zum India Poona Sailing Club, der zu meinem Vorbild geworden ist, eine Art Verein, der aus Aussteiger-Kindern aus reichen Elternhäusern besteht, die nur eine Yacht besitzen, mit der sie die Welt bereisen. Der India Poona Sailing Club hat dabei ein wichtiges Ziel: den leckersten Rum der Welt zu finden. Die Mitglieder segeln in der Südsee von Hafen zu Hafen, und überall, wo sie an Land gehen, besorgen sie sich den besten Rum, den sie finden können. Wenn sie Geld benötigen, dann bleiben sie etwas länger in einem Hafen und reparieren Boote von anderen Reisenden, um sich so etwas Geld zu verdienen, und sobald sie genug Proviant haben, das Boot ausgebessert ist, segeln sie wieder weiter. Wenn sich Mitglieder des Clubs zufällig treffen, dann packen sie ihren Rum aus und probieren gegenseitig, ob schon jemand den leckersten Rum gefunden hat. Bei mir ist es ähnlich. Ich reise und versuche dabei, vielleicht nicht die leckerste, doch auf jeden Fall die mit meinen Möglichkeiten beste Kunst zu machen. Geld ist dabei nur ein Luxus, der es manchmal einfacher macht, Essen zu bekommen. Man kann mich mit der Sterntaler vergleichen: Ich schenke mein Leben der Welt, und die Sterne fallen als Silbertaler in mein Hemdlein.

Ist es vielleicht genau das, was sie von anderen Künstlern unterscheidet, diese Verbindung zwischen Leben und Performance, diese vagabundische Radikalität, diese ekstatische Existenzialität die man in jeder Pore ihrer Kunst spüren kann?

(Eva lacht.)
Mir scheint, dass gewisse Stoffe dein Gehirn erreicht haben. Jeder Künstler, jeder Mensch, der sein Innerstes offenbart, ist ein radikaler Mensch. Und um es auf den Punkt zu bringen: Jeder Mensch, jedes Leben ist radikal. Ich kann mir keine schwierigere Performance vorstellen, als 47 Jahre lang in einem Finanzamt zu arbeiten. Oder vier Kinder von vier verschiedenen Vätern groß zu ziehen. Oder fünf Mal wöchentlich morgens um vier Uhr aufzustehen, um Brötchen und Brote zu backen. Jedes Leben ist radikal, meines ist nur ein wenig anders. Als Künstlerin nehme ich mir die Freiheit, das Leben zu führen, das sich andere nicht trauen auszuleben. Ich lebe ein alternatives Leben, bei dem sich jeder fragt, wie würde es mir ergehen, wenn ich so leben würde?

Ein Dschungelcamp für Kleinkünstler?

Ja, vielleicht ist das vergleichbar mit dem Dschungelcamp, der größten Fernseh-Performance-Show aller Zeiten. Wieso? Im Dschungelcamp erleben die Kandidaten Prüfungen, die man durchweg als Performancekunst bezeichnen kann. Jeder Zuschauer stellt sich die Frage: Wie würde ich mich verhalten, wenn ich in dieser Situation wäre? Und so ist es mit meinem Leben: Ich lebe eine Alternative um zu zeigen, so kann man auch leben. Das ist meine Leidenschaft. Ich behaupte nicht, dass alle Menschen so leben sollen wie ich – abgesehen von einer veganen Ernährung, die ich mir bei allen Menschen wünsche. Mir ist nur wichtig, dass jeder Mensch die Freiheit bekommt, sein Leben so zu führen, wie er es sich wünscht.

(Eva steht auf und deklamiert:)
„Folgende Wahrheiten erachte ich als selbstverständlich: dass alle Menschen gleich geschaffen sind; dass sie mit gewissen unveräußerlichen Rechten ausgestattet sind; dass dazu Leben, Kunst und das Streben nach Fröhlichkeit gehören."

(Maren steht und deklamiert:)
„Wir sind geboren, um frei zu sein,
wir sind zwei von Trillionen, wir sind nicht allein."
Bezeichnen sie sich als politische Künstlerin?

Klare Frage, einfache Antwort: Ich sag Jein. Grundsätzlich sind alle Künstler politisch. Jede Kunst enthält eine Aussage über die Welt, sei es nur die ästhetische Aussage, dass bunte Flecken auf einer Leinwand schön sind. Und egal, was man macht, es ist mindestens so politisch, als dass man für die Freiheit der Kunst eintritt. Sobald man seine Bilder verkauft, bezieht man auch eine Position zur Marktwirtschaft, nämlich indem man erklärt, dass es vollkommen in Ordnung sei, Bilder an eine zahlungskräftige Klientel zu verkaufen, die sie anschließend in ihren vier Wänden ihren Freunden präsentieren. Und weil alle Künstler politisch sind, halte ich es für überflüssig, mich als politische Künstlerin zu etikettieren.

Wenn sie ein Label für ihre Kunst finden müssten, wie würde es lauten?

Das ist eine gute Frage, die allerdings auch Probleme mit sich bringt.
(Eva schaut der Interviewerin lange in die Augen.)
Scherz beiseite. Es gibt Bands, die man eindeutig Genres zuordnen kann, und es gibt Bands, die machen einfach gute Musik. Bei Künstlern ist es ähnlich. Es gibt Künstler, die man eindeutig gewissen Kunstströmungen zuordnen kann wie Dadaisten, Fluxisten, Futuristen, Expressionisten und Jugendstylisten. Von einigen dieser Strömungen ist auch meine Kunst beeinflusst. Jeder dieser Stile hat indes einen einschränkenden Charakter und ist an seine Zeit gebunden. Ich sehe mich daher eher

als eine postmoderne Künstlerin, die verschiedene Stile und Meinungen aufgreift, wenn ich sie für sinnvoll erachte. Dabei versuche ich, einen eigenständigen Weg zu gehen, den man als Evaginalismus bezeichnen kann. Wenn man jenseits der Etikette denkt, dann bin ich eine Performance- und Fotokünstlerin. Nicht mehr.

Im Gegensatz zu anderen Künstlern findet man in ihrem Lebenslauf keine Hinweise auf Stipendien, kein Wort über ihren Ausbildungsweg und auch nichts über ihre bisherigen Ausstellungen. Welche Absicht steckt dahinter?

Ich bin halt was Besonderes.

Also?

Ich könnte kotzen. Wenn ich mir Homepages von Künstlern anschaue, gleichen sich die standardisierten Lebensläufe wie ein Sack dem anderen. Studium: da und dort in der Klasse von Professor Wichtig. Meisterklasse: bei Professor Ebensowichtig. Ausstellungen in Paris, New York, in der Zahnarztpraxis Dr. Zahrt, in der Sparkasse von Unterdorf. Gemeinschaftsausstellung: mit den bedeutsamen Künstlern X, Y und Z. Künstlerstipendium: im Kunsthaus Bad Salzdetfurth. Alles Worthülsen, um die eigene Wichtigkeit zu betonen. Schau her, ich bin toll, weil Kunstwissenschaftlerin Dr. Karla von

Oberpfaffenhofen in ihrer Monografie „Die essenzielle Substanzielität von Eva G. Hamilton" behauptet: Eva Gina ist toll. Dieser Flohmarkt ist Eitelkeiten ekelt mich.

Es ist doch hinlänglich bekannt, dass ein Kunststudent lernen muss, den Kunstmarkt zu bedienen. Wenn ihnen der Kunstbetrieb derartig zuwider ist, warum haben sie dann überhaupt Kunst studiert?

Ich war jung und brauchte die Zeit. Aus heutiger Sicht würde ich nicht wieder studieren. Ein Journalist hat mir dazu eine Geschichte erzählt. Allen Künstlern, die er interviewt, stellt er einfache Frage: „Warum lohnt es sich, eine Ausstellung von dir zu besuchen?" Seine Erfahrung ist, dass Autodidakten sehr schnell eine gute Antwort auf diese Frage finden. Studierte Künstler hingegen nicht. Sie überlegen lange, schweigen dann ein Weilchen vor sich hin, bevor sie nichtssagende Worthülsen vor sich hin brabbeln. Das mag nicht für alle Künstler gelten, mein Kunstnäschen sagt mir, dass zwar studierte, aber dennoch gute Künstler auch ohne ihr Studium gute Künstler wären.

Ist es nicht immer so, dass man im Leben das Glück braucht, zur richtigen Zeit am richtigen Ort die richtigen Leute zu treffen?

Ich hatte das Glück, in einer recht autoritären Kunstklasse auf Professor Arschloch zu treffen, der seine Meinung für die einzig richtige, wichtigste Meinung der Welt hielt, weil er vor 20 Jahren eine nur aus seiner Sicht wichtige Ausstellung hatte. Seine Kunstschüler haben sich dementsprechend bemüht, alles richtig zu machen. Blöderweise bin ich eine unquadratische, außenseiterische Querköpfin. Innerhalb kürzester Zeit wurde ich von meinen gemeinen Kommilitonen gemieden und gemobbt. Dieses Sternbild der Missgunst bot mir genug Raum, um mich zu Eva Gina zu entwickeln. Seitdem halte ich Lob und Tadel für antiquierte Methoden, um Hierarchien aufzubauen. Zensuren sind lebenslange Lügen, die von Ober-Langweilern für Unter-Langweiler verbreitet werden. Wenn man erst einmal über der Kritik steht und zwischen subjektiver Meinung, destruktiver Missgunst und sinnvollen Argumenten unterscheidet, dann eröffnen sich Chancen. Ich glaube nicht, dass es das Lernziel der universitären Ausbildung war, mich zu diesen Erkenntnissen zu bewegen.

Möchten sie mir damit ernsthaft erzählen, dass ihr Studium eine einzige Qual war und sie keine Alternative zum Studium gefunden haben? Haben sie vielleicht doch am Ende gerne studiert? Gab es denn keine angenehmen Reibungsgewinne?

Eine Ausbildung ist der Einstieg ins Berufsleben. Das wollte ich in jeder Hinsicht vermeiden. Hätte Eva Gina Steuerfachgehilfin werden sollen? Ich rechne nicht gerne. Hätte Eva Gina Heilerziehungspflegerin werden sollen? Ich heile gerne, aber erziehe nicht. Hätte Eva Gina Kunstwissenschaftlerin werden sollen? Dafür bin ich zu sehr Kunst und zu wenig Wissenschaft. Hätte Eva Gina überhaupt etwas werden können außer Eva Gina? Egal, was ich geworden wäre: Mir hätte Zeit gefehlt. Es gab Tage, die ich in der Bibliothek der Hochschule abgehangen habe, um mir die seltsamsten Bücher durchzulesen. Von der Filmothek hatte ich immer mindestens drei DVDs in meinem Rucksack. Und es gab Tage, an denen saß ich an einem See und studierte das Leben der Stockenten.

Einige Veranstaltungen habe ich sogar gerne besucht. Eine Vorlesung vom großen Kabolski hieß: „Von a bis z" und er hat von a bis z gute Literatur, Kunst und Musik vorgestellt. Im Seminar „Rumsitzen" konnte man gemütlich rumsitzen, klönen und Bier trinken. Im Gegensatz zu anderen Professoren hatte er keine Lösungen, sondern Angebote. Bei meinen ersten Performances hat er mir gute Tipps gegeben, und ich werde ihm immer dankbar sein, dass er ein launiges Vorwort für mein erstes Buch „Muschi Mandalas" geschrieben hat.

In bester Erinnerung ist mir auch die Drogenklasse meiner Hochschule, der Raum 113. Eine selbst organisierte Kunstklasse ohne Professor mit drei Themen: erweiterte Bewusstseinszustände, Kunst und die Schnittmenge aus beidem. Ein psychonautisches Versuchslabor für Künstler mit bunten Workshops: Massage, Pilzpflücken für Anfänger, holotropes Atmen oder „Der psychedelische Film der 60er Jahre". Oder was auch immer.

Ich hatte das unglaubliche Glück, das noch erleben zu dürfen. Heute wäre das nicht mehr möglich. Ich bin eine der letzten Diplom-Absolventinnen und gehöre einer aussterbenden Spezies an. Das heutige auf marktwirtschaftliche Verwertbarkeit ausgerichtete Bachelor-Master-Studium bietet selbst solche Freiräume nicht mehr. Der Raum 113 wurde mit Einführung des Bachelor-Studiums geschlossen. Die heutigen Studenten sind angefixt auf Credit-Points und irren durch ihr studentisches Labyrinth wie Pac-Man auf der Suche nach Punkten. Wer 53 Punkte hat, darf sich fortan Künstlerin oder Künstler nennen. Hier wird quantifiziert, was nicht quantifizierbar ist.

(Hier folgen ein paar konkrete Fragen über Hochschule, an der Eva studiert hat. Auf ihren Wunsch habe ich die Fragen und Antworten gestrichen, da sie in einem Interview niemanden persönlich beleidigen möchte)

Sie beschweren sich über die strukturellen Bedingungen an Kunsthochschulen. Wie stellen sie sich eine ideale Kunsthochschule vor?

Als ein sich selbst organisierendes Versuchslabor. Ich wünsche mir, dass Kunststudenten selbst entscheiden können, warum, wie, womit und mit wem sie ihre Zeit verbringen. Der Etat der Kunsthochschule wird einem von Studenten geführten Gremium überlassen, das Wünsche der Studenten umsetzt. Es gibt keine Professoren, sondern nur Gäste, die auf Wunsch der Studenten eingeladen werden. Der paradoxe Titel „Professor der freien Kunst" wird abgeschafft; Freiheit zu lehren ist eine Absurdität. Die Hochschule wird unterteilt in Ateliers, in denen Studenten tätig sind, und Werkstätten, in denen handwerkliche Tätigkeiten gelernt werden. Parallel zum Studium gibt es einen Etat für Ausstellungen im öffentlichen Raum; Studenten sollen sich als Kuratoren ausprobieren dürfen. Wenn ein Student denkt, dass er genug studiert hat, darf er sich Künstler nennen, wenn er möchte. Wenn sie möchte, dann auch schon vorher.

Glauben sie nicht, dass das etwas zu viel an Freiheit wäre? In einem nicht gepflegten Kräutergarten gewinnt der Wildwuchs ...

Nein, wir reden hier von erwachsenen Menschen, die Kunst studieren, und nicht von einem Kindergarten, der Osterhasen bastelt. Der Irrglaube, dass sich Kunst studieren lässt, führt dazu, dass wir die häufigsten psychischen Erkrankungen an Kunsthochschulen haben. Wie oft habe ich Kommilitoninnen in Psychiatrien besucht? Zurzeit haben wir einen Gegensatz zwischen einem verschulten Kunststudium und einer unverschulten Kunstwelt. Man studiert fünf Jahre, in denen man nach Credit Points schnappt, und schließlich landet man in einer Welt, in der Credit Points keine Rolle mehr spielen. Man hat mit Menschen zu tun, die nicht einmal wissen, was Credit Points überhaupt sind. Ich habe noch nie den Satz gehört: „Lara Musterfrau ist eine grandiose Künstlerin, weil sie 87 Credit Points hat", und ich bin sicher, dass ich ihn nie zu hören bekomme. Das Kunststudium, sofern man es überhaupt für nötig erachtet, muss also gänzlich anders gedacht werden. Und es ist ebenso wichtig, dass der Übergang vom Studium ins ‚reale' Leben runder und milder gestaltet wird. Bisher studiert man, bekommt irgendwann einen Zettel auf dem „Du bist Bachelorette, Masterin oder Meisterschülerin" steht, und dann steht man vor dem Nichts. Erfolgreich Bewerben kann man sich damit nicht. Das Atelier an der Kunsthochschule darf man blöderweise nicht mehr benutzen. Bestenfalls erhält man ein Stipendium, das die Abhängigkeitsverhältnisse nur verlängert. Kunsthochschulen sind keine Orte des akademischen Studiums, sondern einfach Orte, die Menschen Zeit und Raum, Muße und Muse bieten, ihre Kunst auszuleben. Sie öffnen die Herzen für einen Austausch jenseits von Credit Points und marktwirtschaftlicher Verwertbarkeit.

Sie sind also eine diplomierte Künstlerin, für die das Diplom keinen Wert hat?

Ja, aber immerhin hatte ich ein Diplom. Der Diplom-Party meiner Hochschule blieb ich fern, weil ich solche öffentlichen Veranstaltungen verabscheue. Ich wollte mir die Reden verkneifen, bei denen einzelne Studenten hochgelobt werden, bei denen politisch wichtige Schwätzer eingeladen werden und bei denen die Kunstwelt wie eine blumige Blümchenwiese präsentiert wird. Ich habe mir deswegen mein Diplom im Diplomprüfungsamt abgeholt und anschließend eine Performance in der Mensa geboten mit dem Titel: „Burn your Title". Sprich: Ich habe meinen Stadtpark-Freunden in der Mensa ein leckeres, vegetarisches Mittagessen spendiert, dann habe ich aus allen Tellern in der Mitte des Tisches eine Pyramide gestapelt, und auf dieser Pyramide habe ich nach feierlicher Ansprache mein Diplom verbrannt. So stand es mit drolligem Foto in der Parkbank-Zeitung. Ich wüsste nicht, was man schöneres mit einem Diplom anstellen sollte. Für Klopapier ist das Papier der Urkunde leider etwas zu hart. Dipl. Freie Kunst Eva Guinevera Hamilton ist ein Titel, den ich nicht freiwillig führen würde. Nenn mich Eva.
Ebenso absurd wie der Titel Dipl. Freie Kunst ist der Titel Meisterschülerin. Man wird in die Schule gezwungen, feiert danach, dass man keine Schülerin, sondern

Studentin ist, und dann wird man danach wieder eine Meisterschülerin, obwohl man schon laut Abschluss Meisterin der Künste ist. Da muss einem doch blöd im Kopf werden.

Die Performance hat übrigens dazu geführt, dass ich heute Hausverbot in der Mensa und an meiner alten Hochschule habe. Persönlich betrachte ich es als eine große Leistung, an einer ach so freien Kunsthochschule wegen einer künstlerischen Darbietung Hausverbot zu bekommen. Damit habe ich wohl Schule gemacht.

Sie empfehlen also kein Hochschulstudium unter den gegenwärtigen Bedingungen. Aber nur dadurch, dass sie Klasse geschaffen haben, wären sie nicht berühmt geworden. Was ist die geheime Ingredienz von Eva G. Hamilton?

Arbeiten! Arbeiten! Arbeiten! Das Problem der meisten Künstler ist, dass sie mehr nachdenken und reden als handeln. Ich kenne die besten Künstler der Welt, die in ihren Köpfen schon komplette Werkverzeichnisse haben, die in ihrer Fantasie schon auf X documentas ausgestellt haben und die noch nie einen Bleistift zum Zeichnen in die Hand genommen haben. Daher meine Ratschläge:

a) Arbeite täglich an genau einem Werk.

b) Inspirier dich. Lese Zeitungen! Schau Filme! Unterhalte dich mit vielen Menschen! Hör Barockopern!

Sei Psychonaut! Besuche Demos! Schlaf dich durch die Betten der Welt! Besuche Museen!

c) Arbeite mit Leidenschaft! Schaff dir den für dich richtigen Raum zum Arbeiten, mit dem richtigen Licht und der passenden Musik.

Und die weiseste Devise noch einmal zur Wiederholung: Arbeite täglich an genau einem Werk, bis es fertig ist. Nimm dir anschließend einen Tag frei, und fange darauf mit dem nächsten Werk an.

Das hört sich an wie das Märchen vom hässlichen Entlein: Vom verlotterten Studentenleben zur gefeierten Künstlerin.

Ganz so einfach ist es nicht. Wichtig bei all dem ist, dass man sein Leben als eine Künstlergeschichte begreift, bei der am Ende wichtig ist, dass sie ein rundes Bild ergibt. Und sofern man erfolgreich werden möchte, sollte man auch beachten, dass man keine temporäre Kunst macht, sondern immer überlegen, wie man möglichst die ganze Welt erreicht. Mit einer Performance in Oberpfaffenhofen bei den Oberpfaffener Kulturtagen erreicht man vielleicht zehn interessierte Personen. Wenn man die Performance ins Internet stellt, kann man die Welt erreichen. So ist es auch mit Gemälden: Wenn man ein Gemälde für die Wand eines Bankdirektors malt, so hängt es in der Wohnung dieses Direktors, sofern seine Frau es nicht irgendwann heimlich auf den Dachboden stellt. Wenn man hingegen Bilder zu einem übergeordneten Werkzyklus ordnet, sie schön fotografiert und ein E-Book daraus bastelt, dann stehen sie jedem zur Verfügung, der sich für sie interessiert.

Über allem schwebt ein paradoxer Tipp: Vergiss alle Tipps! Ich bin bekannt geworden, weil ich mich nicht auf Ratschläge verlassen habe. Egal, wie man es in der Kunst macht, man macht es verkehrt, also mache ich es gleich verquehrt. Im Übrigen mag ich nicht, wie du mich gerade geringschätzend anlächelst ...

Arbeiten, arbeiten, arbeiten! Was heißt das eigentlich, wenn Eva Gina von Arbeiten spricht. Wie kann man sich einen typischen Arbeitstag von Eva Gina vorstellen?

Das hängt davon ab, ob eine Performance ansteht oder ob ich an einem neuen Fotobuch arbeite. Mein Ziel ist, immer abwechselnd eine Performance und ein Fotobuch zu gestalten.

Zunächst stehe ich am Morgen auf und orientiere mich. Wo bin ich? Wer ist die Person neben mir? Wo ist das Badezimmer? Wo ist die Küche? Wo steht mein Rucksack. Sofern möglich, dusche und frühstücke ich. Wenn ich mich unbeobachtet fühle, absolviere ich meine Yoga-Übungen, dann packe ich meinen Rucksack und verlasse die Wohnung. Im Winter suche mir ein gemütliches Café, im Sommer suche ich mir einen Park.

Dort sitze ich dann mit meinem Laptop, lese E-Mails und Bücher und warte auf Inspiration. Wenn ich eine Performance plane, habe ich meistens zuerst einen Titel und eine vage Vorstellung der Performance. Ich notiere mir alle Ideen, die ich habe, und skizziere so lange, bis ich denke, dass es ein rundes Projekt wird. Dann erstelle ich mir Listen. Welche Hilfsmittel benötige ich für die Performance? Welche Räumlichkeiten? Welche Personen muss ich ansprechen? Wie lässt sich das Ganze am besten auf Video festhalten? Wie lade ich ein? In der Regel komme ich in der To-Do-Liste auf rund 20 Punkte, die ich dann nacheinander abarbeite.

Bei meinen erotischen Fotobänden sieht die Arbeit anders aus. Zunächst habe ich eine Idee, oftmals nur einen spannenden Titel. Die Idee zu meinem Buch *unporn my heart* hatte ich in einem Café, als von Joe Cocker „Unchain my Heart" im Radio lief. Dann recherchiere ich tagelang und durchforste die unterschiedlichsten Pornoseiten im Internet nach brauchbarem Material. Dieses speichere ich in einem Ordner mit dem kreativ gewählten Titel „Recherche". Anschließend bearbeite ich die Fotos mit Photoshop und speichere die Ergebnisse in einem Ordner mit dem unglaublich kreativ gewählten Titel: „Fertige Bilder". Und aus diesen Bildern gestalte ich dann ein Buch.

Ich ziehe mein Lächeln zurück, denn das Volumen ihres Werkes spricht für ihren Fleiß. Doch vor dem

Schwitzen kommt die Inspiration. Für wie wichtig halten sie Inspiration bei kreativen Prozessen?

Ich glaube, Inspiration und Kreativität ist eher eine Frage des Naturells und nichts, was man erlernen kann. Seit frühester Kindheit bin ich Querdenkerin, und das wird sich wohl in meinem Leben nicht mehr ändern. Ich bedauere schon heute die Altenpflegerinnen, die mich betreuen müssen, wenn ich dereinst demenziere.
Doch zudem beobachte ich bei Künstlern zwei entscheidende Faktoren. Der erste ist die Stellung innerhalb der Familie. Fast alle innovativen Künstler sind Letztgeborene. Meine ältere Schwester arbeitet als Sekretärin bei einer Stiftung und hat viel mehr Kontakt zu meinen Eltern als ich. Die jüngsten Kinder in einer Familie sind die so genannten Spielkinder, die nicht das Familienerbe aufrecht erhalten müssen, sondern ihren eigenen Weg gehen können.
Der andere Faktor für Kreativität ist ein Knacks in der Biografie. Es gibt viele Knäckse, die man haben kann. Ich kenne Künstlerinnen, die in ihrer Kindheit missbraucht wurden, andere wurden aus ihrer Heimat vertrieben, wieder andere haben psychische Probleme, und noch andere haben einfach einen Knacks. Alle diese Knäckse sind Normabweichungen. Sie führen dazu, dass man die Welt mit anderen Augen betrachtet als Max Mustermann. Ich habe viele Künstlerbiografien gelesen und immer schimmert der Knacks durch. Es klingt fast

schon tautologisch, dennoch sage ich: Kreativität entsteht dort, wo jemand mit seinem Denken von der Otto-Norm abweicht.

Wenn Sie das Thema ansprechen: Wo sehen Sie einen Knacks in Ihrer Biografie?

Einen Knacks? Mein Leben ist komplett verknackst. Angefangen hat es, als ich vier Jahre als war. Meine Oma hat sich wochentags viel um mich gekümmert, weil meine Eltern beide arbeiten gingen. Und dann kam ein Wochenende, das ich allein bei meiner Oma verbringen sollte. Meine Schwester übernachtete bei einem Kindergeburtstag. Alles wäre kein Problem gewesen, wäre meine Oma nicht kurz nach meinem Eintreffen mit Herzversagen tot umgekippt. Ich saß also als 4jährige einen ganzen Tag lang neben meiner toten Oma. Ich hab sie getreten, damit sie wieder aufwacht. Ich hab gebrüllt, geheult und geschwiegen. Als meine Eltern uns am nächsten Tag auffanden, war ich nicht mehr dieselbe. Ich hatte meiner toten Oma in die Augen geschaut, und da war nichts mehr, was man Oma nennen konnte. An diesem Tag verstand ich das Totsein. Und ich habe eine Art Bindungsangst aufgebaut, da ich nie wieder einen solchen Verlust spüren wollte. Mein guter Freund Don Jon meinte einmal, dass wir einfach Menschen mit zu wenig Bindungshormonen sind. Auf mich trifft das zu:

Ich möchte mich niemals wieder an nur einen Menschen binden.

Nach dem Tod meiner Oma zeigte ich eine durchaus introvertierte Verhaltensauffälligkeit. Drei Monate sprach ich kein Wort, erst wieder, als mich meine Mutter in den Kindergarten brachte. Ich habe dort zwar mit den anderen Kinder gespielt, aber im Inneren lebte ich in meiner ganz eigenen Welt, einer Welt voller Feen und Hexen, mit Prinzen und Drachen. Wenn ich die Fantasien aus meiner Kindheit rückblickend betrachte, dann würde man sie heute eher der SM-Szene zuordnen. Eine gefesselte Fee, die von bösen Hexen missbraucht wird und auf den Prinzen wartet, der sie von ihren Fesseln erlöst, um anschließend von ihr gefesselt zu werden. Und so weiter und so weiter ...

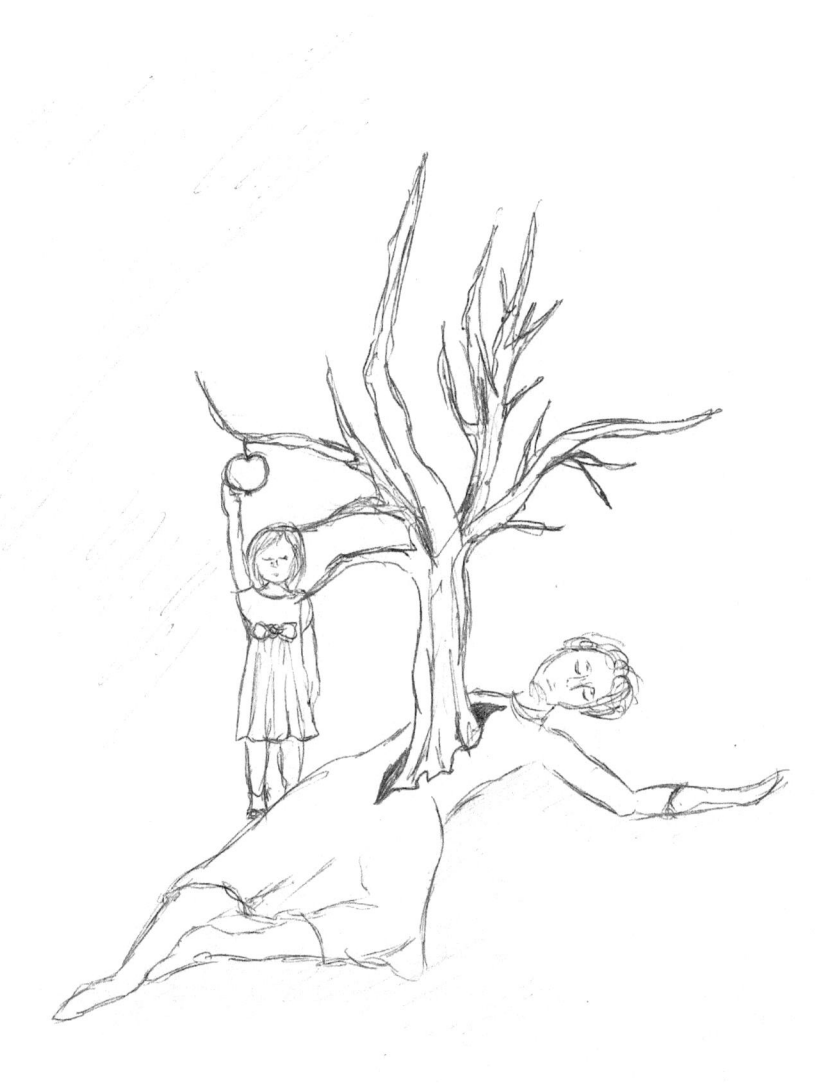

Und so weiter.

Einen weiteren Knacks habe ich während meiner Schulzeit bekommen. Im Gegensatz zu den meisten meiner Mitschüler kam ich aus einem armen Elternhaus und hatte keine Markenklamotten, keine Pferde und keinen Klavierunterricht. Ich sprach auch eine andere Sprache, fühlte mich nur sehr wenigen Mitschülern zugehörig. Meine Freundinnen und Freunde waren ebenso Außenseiterinnen, die alle eine Macke hatten. Und irgendwann entwickelte ich einen gewissen Stolz. Ich machte mich hässlich, roch nach Patschuli, fing mit dem Kiffen an und wurde Vegetarierin. In meinem Abibuch habe ich als Berufswunsch „Geniale Randexistenz" angegeben. Über das ‚genial' kann und darf man sich lange streiten; die Existenz am Rande der ‚normalen' Gesellschaft habe ich schon lange erreicht.

Würden Sie ihre Kunst auch als „beknackst" bezeichnen?

Nein, niemals. Man braucht einen ‚Knacks', um künstlerisch tätig zu werden, die Kunst die man macht, hat jedoch einen eigenen Wert. Wir leben in einer sehr vertrackten und beknackten Gesellschaft. Unser Wirtschaftssystem folgt den Maximen des Marktradikalismus und ist eine Form von ‚Corporate Fascism'. Wer der Logik des Marktes gehorsam dient, betrachtet Menschen und Tiere zwangsläufig als Gebrauchsgüter, die aufgrund ihrer Arbeitskraft bzw. ihrer wirtschaftlichen Verwertbarkeit hemmungslos ausgeplündert werden dürfen. Dieses Denken ist in jeder Hinsicht krank, und ich empfinde tiefes Mitleid mit den Menschen, die diese Krankheit teilen, und noch mehr Mitleid mit allen Lebewesen, die unter diesen Menschen leiden. Und hier kommt ein überraschender Moment ins Spiel: Unsere Gesellschaft benötigt Menschen als Spiegel ihrer Selbst, die jenseits oder am Rande der Gesellschaft stehen. Gewisse Vorgänge versteht man erst, wenn man einen Blick von außen hat. Diesen Blick kann ich als Künstlerin nur bieten, weil ich ‚beknackst' bin. Konsumisten und Normopathen dürfen mich gerne als Weltverbesserin beschimpfen; auch ich habe eine gewisse Zeit benötigt um festzustellen, dass es nicht schlimm ist, die Welt zu verbessern.

Vielleicht ist das eine gute Überleitung zu Ihrer Kunst. Sie bezeichnen sich als Popp-Fotogräfin und Performancekünstlerin. Popp bewusst mit pp geschrieben, weil Sex und Erotik ein wichtiger Teil ihrer Kunst ist. Ihre Fotobände werden oft als „Popp-Trash" charakterisiert. In Ihren Werken gibt es vielfältige Bezüge zur Popmusik, sieben Ihrer zwölf Fotobände sind Hommagen an Popsongs. Was bezeichnen Sie als Pop? Und warum ausgerechnet Pop?

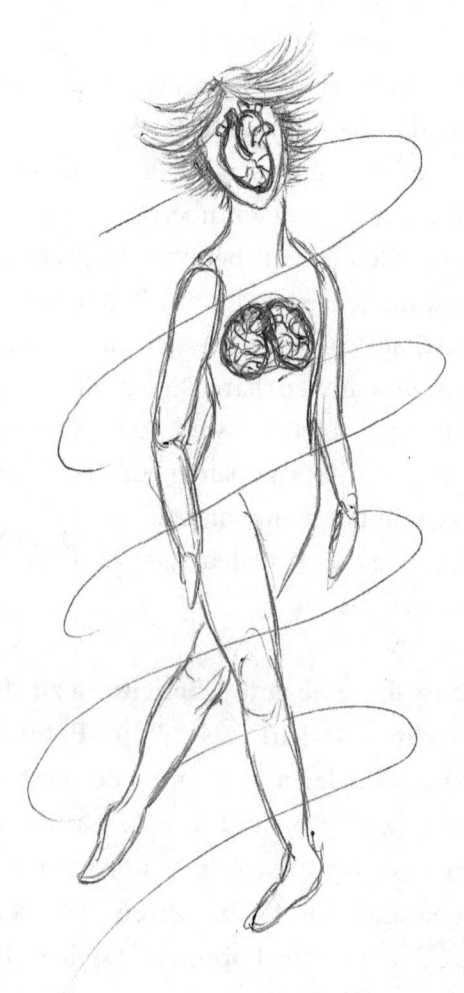

Soweit ich das überblicken kann, sind das gleich zwei Fragen auf einmal. Was Popmusik betrifft: Ich habe einen erweiterten Begriff von Popmusik, der nichts mit Genres zu tun hat. Für mich ist jede Musik Popmusik, egal ob Schlager, Salsa, Samba oder Punk. Ich unterscheide jedoch zwischen guten und schlechten Popsongs. Gute Popmusik erzählt eine Geschichte, sei es im Text oder in der Musik. Ein gutes Popalbum erzählt entweder eine einzige Geschichte, so verstehe ich Opern als Popalbum, oder ist eine gut zusammengestellte Kurzgeschichtensammlung. Ich verstehe mich als Geschichtenerzählerin, nur nicht mit den Mitteln der Musik, sondern mit den Mitteln der Foto- und Performancekunst. Ein guter Fotoband ist mit einem guten Popmusikalbum vergleichbar. Gute Performancekunst ist wie ein guter Popsong. Wenn ich meine Kunst mit Musik vergleiche, dann habe ich bisher erst zwei Alben veröffentlicht: Mein Performancealbum mit dem Titel: „eva gina's nine lives life & alive" und mein Fotoalbum „Eva G. Hamilton: Popp-Fotogräfin"

Soweit ich es überblicken kann, sind das gleich fünf Antworten auf meine zwei Fragen. Dann wenden wir uns nun Ihren Werken zu. Beginnen möchte ich mit Ihrer Performancekunst. Sie haben vorhin schon Ihre erste Performance: „Body Tequila" erwähnt. Bekannt geworden sind Sie mit der Performance: „Reiche Pinkel bepinkeln" …

Was mich dazu inspiriert hat? Das Glück, zur richtigen Zeit am richtigen Ort die richtige Idee zu haben. Und ein Ziel! Ich war mit ein paar Freunden zu einer Demonstration zur Aktionärsversammlung der Deutschen Bank gefahren. In der Nacht vor der Demo haben wir lange in einem besetzten Künstlerhaus in Frankfurt gefeiert. Das Wetter war frühlingshaft, und ein Freund von mir hatte seine Super-Soaker-Wasserpistole mitgebracht. Werbeblock an: Eine erstklassige Wasserpistole mit genormten Gewinde, so dass man eine zwei-Liter-Flasche anschließen kann – mit mehr als sieben Metern Reichweite. Werbeblock aus. Mit dieser Wasserpistole hatten wir auf der Party viel Spaß. Am Ende der Nacht war ihr Besitzer mit einer Besetzerin abgetaucht, also habe ich die Super-Soaker in meinen Rucksack verstaut und bin – ach, das ist eine andere Geschichte. Am nächsten Mittag wachte ich in einer mir unbekannten WG auf. Ich hab mich sortiert, keine Yoga-Übungen absolviert, hab meine Sachen gepackt und torkelte friedlich in Richtung Demo.

Dort angekommen, sah ich ein Fernsehteam eines Privatsenders und dachte mir: „Also Eva Gina, das ist deine Chance!" Ich sprach das Filmteam an und erzählte ihnen, dass ich auf der Demo eine medienwirksame Performance aufführen möchte. Und als sie mich fragten: „Was?", musste ich an den Super-Soaker denken und antwortete „Reiche Pinkel bepinkeln". Der jungen

Medienwissenschaftlerin vom Filmteam gefiel das, deswegen machten sie eine Aufnahme, wie ich geheimnisvoll mit einer leeren Wasserflasche hinter einen Busch wiesele und mit einer Urin-gefüllten Flasche wieder auftauche. Dann hatte ich Glück. Ich kam bei der Demo in die Nähe der vorbeieilenden Manager und hatte meine außergewöhnliche Freude daran, meine Performancesubjekte nasszuspritzen. Unter einigem Geschrei habe ich fünf von ihnen erwischt. Dann kam die Polizei. Ich wurde unschädlich gemacht und in die Performance „24 Stunden freiwillige Zwangseinweisung" eskortiert. Der Privatsender hat über meine Aktion ein kurzes, jedoch sehr einprägsames Feature gemacht, das zur besten Sendezeit gebracht wurde. Bei Youtube hat es mittlerweile mehr als eine Million 'Clicks'.

Nun, die eigentliche Performance begann jedoch erst später im Gerichtssaal, weil mich zwei der Manager nach Ausstrahlung des Features anzeigten. Selbstverständlich habe ich mich dagegen gewehrt. Ein kleines Mäuschen, das Bank-Managern ans Bein pisst. Die Medien konnten nicht genug davon bekommen. Beim Prozess waren fast alle großen Zeitungen anwesend und haben über mich berichtet. Meine Anwältin argumentierte erstklassig, und auf ihren Wunsch muss ich hier noch einmal betonen, dass ich die Wasserpistole hinterm Busch mit einer Urin-Ersatzflüssigkeit aus Apfelsaft und Wasser befüllt habe. Manager mit einem Stundenlohn von mehr als Tausend Euro wurden als Zeugen vor Gericht gezerrt, um eine zumindest aus Sicht der Medien junge, dynamische, ethisch korrekte Studentin zu belasten. Der Prozess wurde zu einem riesigen medialen Spektakel. Die Sympathien und Aufmerksamkeit hatte ich auf meiner Seite. Es endete damit, dass ich zu fünfzig Arbeitsstunden verurteilt wurde, die ich in einem freien Kulturzentrum als Partyanimateurin – sprich: Tänzerin – bei Elektro-Partys gründlich abgeleistet habe.

Was haben Sie bei dieser Performance gelernt?

Diese Frage stellt man nicht.

Zum Glück bin ich nicht 'man' sondern Maren. Was haben Sie bei dieser Performance gelernt?

Dreierlei. Erstens: Die christlichste Eigenschaft von Managern der Deutschen Bank ist ihre geistige Armut. Zweitens: Nutze die Gunst der Stunde! Es ist nicht so wichtig, was du machst, sondern vielmehr wie du es ‚verkaufst' *(Die Häkchen habe ich hier auf Wunsch von Eva eingesetzt, da sie das Verkaufen nicht wörtlich meinte.)* Und drittens: Gute Freunde gönnen dir deinen Erfolg. Es war für mich eine harte Erfahrung zu sehen, dass die meisten meiner Kommilitonen mich beneideten, nachdem ich im Fernsehen zu sehen war. Einige wenige gönnten mir die Aufmerksamkeit und waren auf meiner Seite. Die meisten jedoch waren grämig darüber, dass ich die Aufmerksamkeit bekam, die sie sich wünschten. Im Nachhinein muss ich sagen, dass mich das enttäuscht hat. Von den Managern der Deutschen Bank hatte ich nichts anderes erwartet, und ich bin ihnen dankbar, dass sie mir eine solche Steilvorlage geliefert haben. Auf absehbare Zeit wird mir die Deutsche Bank keine Sponsorengelder geben, schätze ich. Doch bedrückend war, dass ich von meiner Kunstklasse gemieden wurde. Hinter farbverschmierten Händchen bezeichneten mich viele als „die Wildpinklerin".

Können Sie diese Ablehnung heute besser verstehen? Immerhin haben Sie mit der Zufallsperformance zwar kein Geld verdient, aber mehr Aufmerksamkeit bekommen, als vermutlich alle Künstler Ihres Jahrgangs zusammen.

Ja und nein. Der Zeitpunkt und die Ausführung der Performance war zufällig. Es ist dennoch kein Zufall, dass ich die Idee hatte und keiner meiner Kommilitonen. Was mich störte, war der einseitige Neid auf die Aufmerksamkeit, ohne den Mut auf die Folgen. Ich selbst bezeichne mich nie als Kunststar, ich werde jedoch von vielen als eine Art Star wahrgenommen. Das hat schöne Seiten, ist aber auch Arbeit. Ich werde von den seltsamsten Menschen angesprochen, bekomme viele Emails und muss viel Hass, Kritik, Ablehnung und sogar Morddrohungen ertragen. Das alles schüttle ich von mir ab wie einen Regenschauer, der im Sonnenschein trocknet. Die Missgunst von Künstlern, denen ich jeden Erfolg wünsche, ist mir jedoch zuwider. Ja, ich verstehe, dass sie missgünstig sind, ja, ich akzeptiere, dass sie missgünstig sein müssen, nein, es gefällt mir nicht, dass sie missgünstig sind.

Ihre folgende Performance trägt den Titel „1000 Blowjobs für den Weltfrieden" und hat enorm Aufmerksamkeit erregt. Wie sind Sie auf die Idee gekommen?

Hör auf zu schmunzeln: Kunst ist ernst. Ich hab eine Nacht mit einem Soziologen verbracht, der seine Magisterarbeit über das Thema Coaching schrieb. Er erzählte mir: „Mach, was du kannst! Wer sich auf seine Stärken konzentriert, kann seine Schwächen vernachlässigen." Später in der Nacht und im anderen Zusammenhang sagte er mir, dass ich ihm gerade den besten Blowjobs seines Lebens geliefert habe, also habe ich das Sperma aus meinem Gesicht geleckt und mich auf meine Stärke konzentriert.

In der Simplexität ernüchtert Ihre Antwort. Befürchten Sie nicht, dass Sie mit Ihren Antworten Ihre Kunst ein wenig entzaubern?

Wenn, dann entzaubere ich meine Inspiration, und das mache ich gerne. Es gibt Künstler, die ein Geheimbrumbeisel um ihre Inspiration und Arbeit machen. Ich nicht. Hinter jedem Kunstwerk steckt eine einfache Idee, die sich in einem Satz zusammenfassen lässt. In diesem Fall ein einfacher Soziologe. Zu erzählen, wie die Idee entstanden ist, entzaubert allenfalls die mystische Aura des Künstlers, nicht jedoch die Kunst. Als beispielsweise Johann Sebastian Bach die Goldberg-Variationen schrieb, hatte er vermutlich die simple Idee: Ich habe hier einen Basslauf, und aus dem mache ich den besten Klavier-Variationszyklus aller Zeiten. Daran ist nichts auratisches. Das Werk hingegen ist pure Zauberei.

In Interviews betreiben viele Künstler eine Art nachgelieferte Rechtfertigung für ihre Idee. Auch ich bin nicht frei davon. Bei den Tausend Blowjobs habe ich mich in Interviews auf Lysistrata bezogen und meine Performance als umgekehrtes Dampfablassen für den Frieden bezeichnet, als niedrigschwellige Schwellkörperkunst. Die Wahrheit jedoch ist: Ich wollte tausend Schwänze lutschen.

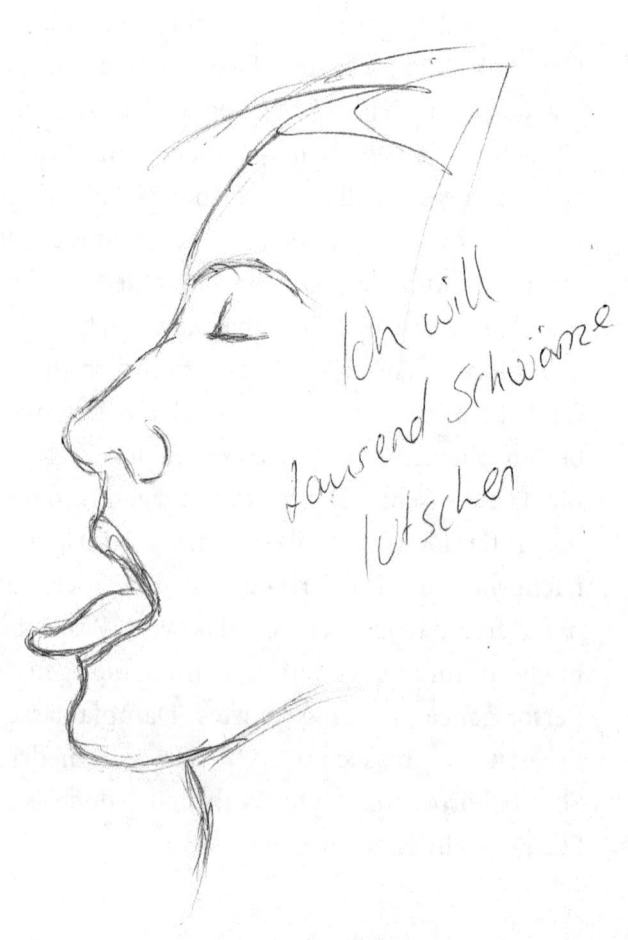

Ich will
tausend Schwänze
lutschen

s.B.

Ja, das ist eine einfache Idee. Solche Wünsche haben möglicherweise auch einige andere Frauen. „1000 Blowjobs für den Weltfrieden". Bitte stellen Sie das Kunstwerk kurz dar und sagen ein paar Worte zum Entstehungsprozess!

Eine schöne Idee, leicht in die Tat gesetzt: Innerhalb von Hundert Tagen blowjobbe ich Tausend Menschen. Jeder Teilnehmer unterschreibt vorher und schwört darauf, dass er oder sie danach von kriegerischen Handlungen jedweder Art Abstand nehmen wird. Für die Performance habe ich eine Box mit Vorhang gestaltet. An beiden Seiten der Box waren Haltegriffe angebracht, an denen sich die Teilnehmer während des Blowjobs festhalten mussten. An der Wand habe ich ein gesticktes Tuch mit den Worten „Ich bin, also blase ich" angebracht als Hommage an Annette Messagers Werk „Je pense donc je suce". Man musste sich für die Performance anmelden, und täglich habe ich zehn Personen geleckt beziehungsweise geblasen. Für jeden Teilnehmer habe ich eine halbe Stunde eingeplant, und sofern nach dem Blowjob noch Zeit war, habe ich ein kurzes Gespräch geführt. Die Gesichter der Geblowjobten wurden während der Performance aufgezeichnet als Hommage an Andy Warhols Film „Blowjob". Nach Ende der Hundert Tage habe ich aus dem Videomaterial einen 150 Stunden langen Film geschnitten, der auf der documenta am Stück gezeigt wurde. So viel zu den Rahmenbedingungen.

Für mich als Performerin waren es hundert sehr anstrengende Tage. Täglich hatte ich fünf Stunden reine Arbeitszeit in der Box, die sowohl aus körperlicher Arbeit bestanden, als auch aus vielen oft spannenden Smalltalks. Selbst wenn man trainiert ist, fühlen sich die Lippen nach einigen Stunden taub an, und man muss die richtige Balance aus Hand-, Zungen- und Lippenspiel finden, um den Männern das „Dampf-Ablassen" zu ermöglichen. Parallel dazu muss man eine disziplinierte Freude an der Arbeit aufbringen. Mit der Box wurde ich von meiner Managerin von Stadt zu Stadt gefahren und habe täglich Interviews für Lokaljournalisten und für das Fernsehen gegeben. Einige Männer sind aus sehr entfernten Städten angereist, um an meiner Performance teilzunehmen. Die Erfahrung, täglich zehn Schwänze zu lutschen, hat mich anfangs überfordert. Ich redete nur noch über Schwänze, ich dachte nur noch an die Anatomie von Schwänzen, ich träumte von Schwänzen und morgens wacht man mit dem Gefühl auf, einen Schwanz im Mund zu haben. Nach einigen Wochen lernt man jedoch, das Hand- und Mundwerk nur noch als Ablauf zu betrachten. Sonderbarerweise habe ich dadurch angefangen, mich auf den Menschen als Ganzes zu konzentrieren. Oder wie eine befreundete Escort-Dame zu mir sagte: „Ein Schwanz ist ein Schwanz ist ein Schwanz. Und drei Männer sind drei Männer." Etwa zehn Prozent der

Teilnehmer waren Frauen, und ich war jedes Mal froh, zur Abwechslung eine Frau zu lecken. Eine solche Performance ist übrigens ohne Disziplin und Leidenschaft nicht möglich. Die ersten Sekunden, wenn ein Mann in die Box kommt, sind oft entscheidend. Ich habe ihnen ein Gefühl von Vertrautheit geschenkt und ihnen verbal und non-verbal vermittelt, dass ich Lust habe, ihren Schwanz zu lutschen.

Ist alles glatt gelaufen oder gab es auch 'Besucher', mit denen Sie Probleme hatten?

Es gab nur sehr wenige Sorgenkinder, denn alle Teilnehmer mussten vorher auf einem Zettel notieren, warum sie an der Performance teilnehmen möchten. Meine Managerin hat die Bewerbungen gesammelt, gesiebt und nur Menschen mit guten Gründen eingeladen. Vorher wurde jedem Teilnehmer ein Schreiben geschickt, in dem der Ablauf und die Hintergründe der Performance sehr detailliert erläutert wurden. Die Probleme, die es gab, waren eher physiologischer Natur. Es gibt Männer, denen es schwer fällt, mit dem Gesicht vor einer Kamera einen Steifen zu bekommen. Es gibt Männer, die nur schwer einen Orgasmus bekommen. Und es gibt Schwänze, die eine anatomische Herausforderung sind.

Worin unterscheidet sich aus ihrer Sicht diese Performance von Prostitution?

Das liegt auf und in der Hand: Erstens habe ich alles aus freier Entscheidung gemacht. Und zweitens habe ich kein Geld verlangt und auch keine Spenden angenommen. Es gab genau vier Männer, die mir Geld zustecken wollten, und die habe ich schnell aus der Box gejagt. Du siehst, ich kann auch ganz wundervoll bürgerliche Antworten geben. Keine Frage: Ohne meinen eigenen Spaß wäre die Performance schnell in Richtung Prostitution abgeglitten. Wahrscheinlich bin ich die weltweit einzige Künstlerin, die sich nicht prostituiert. Zumindest nicht für Geld.

Gleichwohl hat die Sache mit der Prostitution bei Ihnen eine gewisse Tradition. Eine weniger bekannte Performance von Ihnen ist Ihre Abschlussarbeit an der Kunsthochschule mit dem Titel „hoch²schlafen". Skizzieren Sie diese kurz und erläutern unsern Leserinnen und Lesern die Hintergründe!

Mir fiel auf, dass an meiner Kunsthochschule fast alle Studentenjobs über persönliche Kontakte vergeben wurden und oft auch über sexuelle Gefälligkeiten. Auf Anhieb kann ich acht Kommilitoninnen nennen, die erst über eine Affäre mit einem Professor ihren Hiwi-Job oder ihren Meisterschüler-Aufbaustudiengang bekommen haben. Die Besetzungscouch ist beim Film und in der

Kunst der einfachste Weg, erfolgreich zu werden. Das ist nichts anderes als prostitutierendes Schnappen nach Status und Geld. Sachlich und klar habe ich diesen Zustand analysiert, und da ich, um einen Studienabschluss zu erlangen, eine Abschlussarbeit vorlegen musste, brachte ich auf den Punkt mit der Performance „hoch²schlafen". Das Konzept war einfach: Einvernehmlich verbringe ich mit jeder Professorin und jedem Professor meiner Hochschule eine Nacht ohne Vorgaben und Verpflichtungen. In meiner Abschlussarbeit beschrieb ich alles, was ich in der Nacht mit den Professierenden erlebt habe. Jeder erhielt den ihn betreffenden Teil der Dokumentation, mit der Aufforderung zu streichen, was sie in der Abschlussarbeit nicht lesen wollten. Das hat dazu geführt, dass einigen Professoren klar wurde, dass mein Vorhaben keine Hascherei war, sondern einer klaren Strategie folgte. Einige Seiten meiner Diplomarbeit sind daher komplett schwarz gefärbt. Und wer neben mir kann schon eine Diplomarbeit abliefern, in der ganze Passagen zensiert sind.

Ich schätze, Ihre Arbeit hat schon ein bisschen 'Sums' gemacht. Welche Reaktionen gab es auf diese Arbeit?

Nun, die Professoren haben recht zurückhaltend reagiert, aber von Kommilitonen wurde ich übelst beschimpft und gedisst. Eine oder oder einer hat sogar Mitten in mein damaliges Atelier gekackt. Es gibt in allen Gesellschaften Tabus, die man nicht zum klingen bringen darf. Klingelingeling, Klingelingelau, ich bin die Tabu-Frau.

Sie haben ihrer Hochschule also eine Szene gemacht. War es mehr als eine Szene?

An meiner Hochschule gab es 48 Professoren in den Fachbereichen. Acht haben sich geweigert teilzunehmen, also hab ich mit 40 eine Nacht verbracht, 24 davon männlich, 16 weiblich. Diese Nächte sind sehr unterschiedlich gelaufen. Mit den meisten habe ich gut gegessen und mich lange und intensiv unterhalten. Mit einigen wenigen bin ich im Bett gelandet. Mit Thomas Kapielski zum Beispiel habe ich eine Nacht lang Bier gesoffen und Barockopern gehört. Die von ihm geschwärzte Passage in meiner Arbeit bezieht sich nicht auf Sex, sondern auf eine von mir etwas zu detaillierte Schilderung, wie er betrunken versucht, „The cold Song" von Henry Purcell auf der Nasenflöte nachzuspielen.

Warum wollte er, dass die Passage geschwärzt wird?

Kapielski ist ein sehr bescheidener Mann. Er meinte, es sei unwissenschaftlich, auf zwei Seiten detailliert zu beschreiben und zu erklären, weshalb seine betrunkene Interpretation einer Barockopern-Arie auf einer

Nasenflöte für mich bewegender sei als zehn Staffeln von „Deutschland sucht den Superstar".

Ganz sicher hat es exzellenter kommunikativer Fähigkeiten bedurft, die Arbeit überhaupt zu bewerten. Wie wurde Ihre Abschlussarbeit bewertet?

Es gab sehr, sehr lange und schwierige Diskussionen innerhalb der Prüfungskommission. Die Bewerter der Arbeit waren auch Teil der Performance und hatten durchweg geschwärzte Passagen in ihren Nächten mit mir. Es stellte sich also die Frage: „Wie bewertet man objektiv eine künstlerische Arbeit, wenn die Objektivität aufgrund der Fragestellung der Arbeit schon nicht mehr gegeben ist?" Mir wurde nur erzählt, dass ein Professor den Vorschlag machte, ob man nicht einfach nur „bestanden" ins Abschlusszeugnis schreiben könne, woraufhin eine Professorin meinte, „beschlafen" sei wohl passender. In den Arsch mit allen Benotungen dieser Welt! Dennoch möchte ich hier festhalten, dass ich diesen Lebensabschnitt bestanden habe und fortan „Diplom Freie Kunst" auf meiner Visitenkarte führen darf, wenn ich es denn wollte. Die Note entsprach jedenfalls nicht dem „summa cum laude", das mir in der Nacht von einigen Professoren und auch Professorinnen für andere Tätigkeiten verliehen wurde.

Bei der Recherche zu diesem Interview hatte ich den Eindruck, dass Ihre Abschlussarbeit im Giftschrank der Universitätsbibliothek verschwunden ist. Mir wurde erzählt, dass die Arbeit unauffindbar sei. Kann man die Diplomarbeit noch irgendwo zu lesen bekommen?

Ach so? Verschwunden? Ich habe noch zwei digitale Exemplare auf USB-Sticks bei guten Freunden gelagert. Selbst wenn die Arbeit verschwunden ist, so ist das kein Problem, denn die Frage, was in den Nächten passierte, ist vermutlich spannender als das, was wirklich passiert ist. Meine Arbeit bleibt erhalten. Als Kopfkino. Wärst du gerne eine meiner Professorinnen gewesen?

(An dieser Stelle muss ich als Journalistin gestehen, dass die halbe Ecstasy-Pille langsam ihre Wirkung entfaltete. In meinem Bauch wuselte ein Gefühl von Freude, dass durch meine Wirbelsäule glitt und in meinem Kopf zu kleinen Explosionen führte ...)
Dann schließen wir nun mit deinem Studium ab ...

Danke!

Und wenden uns flugs Ihren anderen Performances zu. Sie leben vegan und sind als Künstlerin im Tierschutz aktiv. Zwei Ihrer Performances würde ich als „Tierschutz-Aktionen" bezeichnen, nämlich *Being Piggies* und *Ente gut! Duck Mama*. Zunächst einmal zu

Being Piggies. **Wie ist denn diese Performance entstanden?**

Being Piggies ist die einzige Performance, bei der ich nur Gastkünstlerin war: Ich wurde von der Tierrechtsorganisation PETA eingeladen. Das Ziel war, das Unrecht in der industriellen Massentierhaltung von Schweinen aufzuzeigen, indem zehn Menschen wie Schweine gehalten werden. Der Rahmen der Performance war klar strukturiert: Zehn Menschen verbringen zehn Tage lang auf zehn Quadratmeter Lebensraum. Damit wir uns nicht verbal unterhalten, wurden unsere Münder außerhalb der Essenszeiten mit Klebeband verklebt. Wir lebten in einem kleinem Stall, uns gegenüber lebten zehn Schweine. In einer Ecke des Stalls hatten wir einen Eimer und Klopapier für unsere Notdurft, und fünf der zehn Quadratmeter waren mit Matratzen ausgelegt. Als Bekleidung war nur Unterwäsche erlaubt, sexueller Kontakt war nicht erwünscht, Spiele jeglicher Art waren untersagt. Vier mal täglich gab es veganes Essen in Trögen. Das waren die Rahmenbedingungen.

Der Mensch als das Schwein. Wie fühlte sich das an? War dies eine Performance, bei der man zum Schwein wird? Oder wird das Schwein zum Menschen?

Von allen Aktionen, die ich bisher gemacht habe, war dies die härteste. Die Organisation der PETA war in jeder

Hinsicht einwandfrei, auch die Teilnehmer waren durchweg gestandene Persönlichkeiten aus der Kultur- und Ökoszene. Das Experiment entwickelte jedoch eine Eigendynamik, mit der keiner von uns in dieser Stärke gerechnet hatte. Am ersten Tag orientierten wir uns, hatten Zuversicht in den Augen, grummelten uns freundlich durch die Klebebänder an mit der einfachen Botschaft: „Wir halten das durch!" Schon am zweiten Morgen zeigte sich, wie schwierig es ist, ohne jegliche Unterhaltung zu leben. Jeder von uns versuchte, auf seine Art mit der Situation klarzukommen. Ich machte viele Körperübungen, erinnerte mich an Songs, die ich mag, an Freunde an Filme. Andere Teilnehmer meditierten. Und eine von uns schritt stundenlang im Quadrat, sofern ihr keiner im Weg stand. Wir versuchten uns mit unseren Blicken aufzubauen, man sah jedoch, dass sich jeder nach einer Dusche, nach einer Toilette, nach einem eigenen Bett sehnte. Ab dem dritten Tag wurde die Situation ganz langsam kritisch. Und am fünften Tag konnte man die Teilnehmer in zwei Gruppen einteilen: Die eine wurde innerlich aggressiv, die andere wurde apathisch, katatonisch und leidenschaftslos. Ich vegetierte nur noch. Alle Abwehr-Mechanismen, die ich vorher verinnerlicht hatte, versagten. Später habe ich das als substantivierte Gefühle beschrieben: Man fühlt sich nicht mehr hilflos, man ist Hilflosigkeit. Ich fühlte mich nicht mehr traurig, ich war Traurigkeit. Ich habe ehrlich gesagt keine Ahnung, was die Schweine fühlten, die gegenüber von uns in der Box untergebracht waren. Doch der Gedanke daran, dass Millionen von fühlenden Wesen unter ähnlichen Bedingungen gehalten werden, überwältigte uns. Und es wurde schlimmer. Ein Teilnehmer wurde autoaggressiv, schlug seinen Kopf gegen die Metallstäbe. Eine andere umarmte sich selbst den ganzen Tag. Und es wurde schlimmer ...

Vier der zehn Teilnehmer brachen die Performance ab, und ich kann jeden von ihnen verstehen. PETA hat einen Monat nach der Performance jeden Teilnehmer interviewt und die durchweg erschütternden Erfahrungsberichte kann man nachlesen. Obwohl es nur die Simulation des Leids der Massentierhaltung war, hat uns das Experiment gebrochen. Selbst mich.

Gebrochen?

Heut Nacht, meine Liebste, an meinem Geburtstag, fällt es mir unendlich schwer, daran denken müssen, wie es Tieren ergeht, deren Leben unter diesen Bedingungen keine Simulation ist.

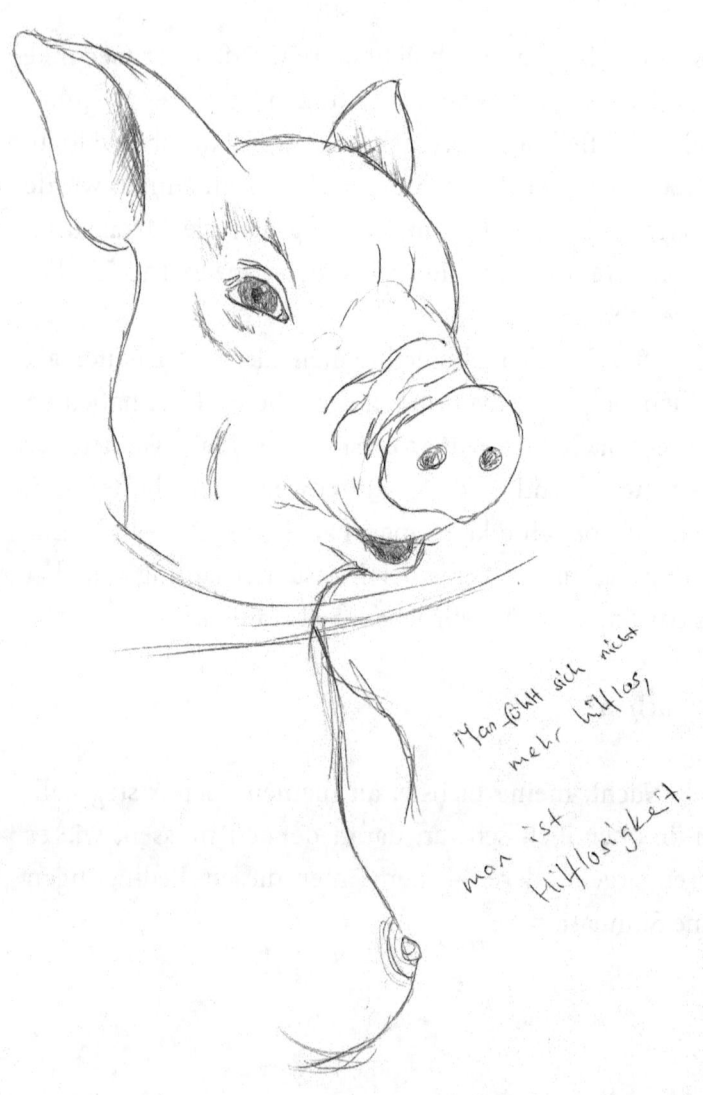

Man fühlt sich nicht
mehr hilflos,
man ist Hilflosigkeit.

S.P.

Ich habe durchgehalten. Nach zehn Tagen jedoch, als wir das erste Mal unseren Stall verließen und zurück ins Tageslicht durften, fiel ich auf den Boden und heulte und heulte. Ich weine fast nie, in diesem Moment heulte ich, bitterlich, und war nicht zu beruhigen. PETA hatte unglaublich liebe seelsorgende Mitarbeiter, die sich um mich kümmerten, mich tagelang wieder aufbauten, denen ich heute noch dankbar und verbunden bin. Das brach mich erneut: Es gibt so unglaublich liebe, freundliche Menschen, und es gibt so ein verdammt ekliges Leid, das ebenso von Menschen verursacht wird.

Und was passierte mit den Schweinen?

Das war auch meine erste Frage: Die fünf Schweine in der Box gegenüber von uns waren aus industrieller Massentierhaltung befreit worden. Nach dem Experiment durften sie auf einem Biobauernhof in Frieden alt werden.

Und die Moral von der Geschicht in drei Sätzen: Erstens: Es gibt beschissenes Elend auf dieser Welt, von dem man sich nicht überwältigen lassen darf. Zweitens: Wenn man nicht vom Elend überwältigt ist, dann muss man sich mit liebevollen Gleichgesinnten dafür einsetzen, es zu verringern. Und drittens: Der Anblick des Sonnenlichts ist eine überwältigende Erfahrung. Dann kommen wir nur zu Ihrer zweiten und

sonnigeren Tier-Performance: *Ente gut! Duck Mama.* Vor dem Hintergrund ihres künstlerischen Schaffens denkt man bei *Ente gut! Duck Mama* im weitesten Sinne an Sexualität im Freien, doch es verhält sich anders. Oh, war das ein drogeninduziertes Artefakt? Ich habe gerade den Faden verloren ...

Nach *Being Piggies* habe ich erst einmal eine Auszeit genommen, um das Erlebnis zu verkraften. Ein ganz einfacher Anruf hat meine Grübeleien beendet: Die Stadt Freiburg bot mir ein Künstlerstipendium an. Ich habe kurz überlegt und ihnen dann ein anderes Angebot vorgeschlagen: „Ich führe eine Performance mit dem Titel *Ente gut! Duck Mama* auf, wenn sich die Stadt Freiburg verpflichtet, die erste Veggie-Town zu werden“, also eine Stadt, welche die vegetarische und vegane Lebensweisen aktiv unterstützt. Damit habe ich die freundliche Dame am Telefon allein gelassen.

Ich habe mit keiner positiven Antwort gerechnet, umso überraschter war ich, als sich der Oberbürgermeister der Stadt Freiburg telefonisch bei mir meldete, und mich fragte, was ich denn unter einer Veggie-Town verstehe. Stell dir das so vor: Es war morgens um zehn, ich lag unbekleidet auf einem mir unbekannten Sofa umgeben von Wasserpfeifen und dann kam der Anruf. Spontan diktierte ich ihm eine Bedingung: „Bei öffentlichen Veranstaltungen, welche von der Stadt Freiburg organisiert werden, dürfen ausschließlich vegetarische und vegane Speisen serviert werden."

Der Bürgermeister war freundlich und meinte nur: „Das dauert zwei Monate, um es durch den Rat zu bringen. Ich melde mich wieder. Sie dürfen sich wieder hinlegen!" Tatsächlich rief er mich zwei Monate später wieder an, nachmittags, um mich nach Freiburg einzuladen.

Meine Performance dort war eine Art eine Gegenstück zu *Being Piggies*. Nachdem ich das Leben eines Tieres in der Massentierhaltung geführt hatte, wollte ich zurück zur Natur und mit Tieren in der Natur leben. Ich suchte mir eine schöne Stelle am Opfinger Wald aus, wo zwei Flüsse in den See fließen. Mein Ziel war: Acht Entenküken ausbrüten und anschließend zwei Monate ihr Leben in Freiheit begleiten. Das Ausbrüten stellte sich allerdings als schwieriger heraus, als geplant. Ein Freund von mit hat eine Art Brutstation entwickelt, die von einer Autobatterie betrieben wurde. Ich saß also tagelang nackt neben den Eiern. Und zwar bis alle Küken schlüpften. Das letzte süße Kükchen ist in meiner Hand geschlüpft. Und plötzlich war ich Mama und musste während der nächsten Wochen viel schwimmen.

Muttersein bringt viel Verantwortung mit sich. Wie hat sich Ihre neue Rolle denn angefühlt?

Der Titel „Ente gut. Duck Mama" ist wörtlich zu verstehen. Einen Monat lang war ich die Mutter meiner kleinen Entenfamilie und musste ihnen das Leben in der Natur beibringen. Stell dir also vor, dass du von einem Tag auf den anderen Mutter von acht Kindern wirst, die außerdem noch einer anderen Spezies angehören. Zum Glück war das Wetter frühlingshaft warm, denn es ist nicht einfach, acht Enten gleichzeitig zu wärmen. Gerade in den ersten Tagen, nachdem die Küken geschlüpft waren, hatte ich auch Probleme, alle Medienvertreter mit Interviews zu bedienen. Während ich mich also rund um die Uhr um die Enten kümmerte, wuselten oft zwei Filmteams und ein Fotograf um mich her, um alles zu dokumentieren. Süße Entenküken und nackte Frauen locken lüsterne Filmteams an, die sonst nie über Performancekunst berichten. Wenn man sich die Interviews heute genau anschaut, dann sieht man eine angestrengte Eva und acht zuversichtliche und zutrauliche Entenküken. Die ersten Tage haben wir am Ufer des Sees verbracht, und dann sind wir gemeinsam im Wasser schwimmen gegangen. Enten sind praktisch Allesfresser, und ich habe ihnen gezeigt, was sie Essen können, also Wasserpflanzen, Insekten, Larven, Schnecken, Kaulquappen, Frösche, Fischlaich, Würmer, Muscheln, Gras, Wildkraut, Wurzeln, Samen, Beeren, Getreide und Früchte. Ja, als Veganerin habe ich Frösche gegessen. Schwieriger war es, den Entenküken das Schnattern und Gründeln beizubringen. Die "Köpfchen in das Wasser, Schwänzchen in die Höh'"-Stellung funktioniert besser, wenn man einen Entenkörper hat.

Beim Schnattern zieht man Wasser durch die Schnabelspitze ein, und beim Schließen des Schnabels wird das Wasser dann durch Lamellen an der Unterseite des Schnabels wie durch ein Sieb wieder herausgepresst, so dass kleine Lebewesen und Wasserpflanzen im Schnabel verbleiben. Erklär das mal einem jungen Entenküken, das eine 162 Zentimeter große Frau für seine Mutter hält.

Ist das nicht auch eine Art Ausnutzung von vermeintlich süßen Küken für künstlerische Zwecke?

Nein. Ins Grübeln gebracht hat mich viel mehr die Prägung: Es war mir wichtig, gleichzeitig als Mensch auf die Enten aufzupassen und ihnen ihr natürliches Verhalten nicht zu nehmen. Biologisch betrachtet wurden sie auf mich geprägt, beim Spielen habe ich daher darauf geachtet, dass die Enten sich untereinander helfen und mich aus ihrem Leben, soweit es möglich war, herausgehalten. Ich bin mir jedoch nicht sicher, ob ich in diesem Punkt die perfekte Enten-Nanny war.

Haben denn alle acht Enten überlebt?

Nein, nur sechs. Zwei Entchen wurden beim Schwimmen leider von Fischen gefressen. Wahrscheinlich von Welsen.

Und was haben Sie aus diesem Projekt gelernt?

Vieles. *(Eva Gina lächelt.)*

Dann rede doch endlich mit mir!

(Eva Gina lächelt.) Das Wichtigste zuerst: Die Unterschiede zwischen Enten und Menschen sind sehr viel geringer, als man vermutet. Enten sind sehr hedonistische Tiere, deren Leben im Wesentlichen aus Schlafen, Essen, Trinken und Ficken besteht. Oder anders gesagt: Enten führen ein Leben, das Menschen gerne führen würden. Und Enten sind auch sehr wetterfühlige Tiere. Man merkt ihnen ihre Stimmung sehr leicht an, wenn es regnet, dann verkriechen sie sich und stellen sich, den Schnabel im Gefieder vergraben, schlafend. Bei Sonnenschein und milden Temperaturen fühlen sie sich wohl. Wenn man den Landeanflug einer Ente auf dem Wasser beobachtet, dann sieht man, wieviel Spaß sie dabei haben. Auch vom Charakter sind Enten sehr unterschiedlich. Meine acht Küken konnte ich schnell anhand ihres Verhaltens unterscheiden und habe ihnen dazu passende Namen gegeben wie Toto Tollpatsch, Susi Schlafi oder Fred Forsch.

Die zweite wichtige Erfahrung war, dass man etwas bewegen kann. Freiburg ist heute eine Veggie-Town. Es gibt zwar immer noch politische Streitigkeiten darüber, ob man das Oktoberfest wirklich vegetarisch durchführen soll. Der Freiburger Weihnachtsmarkt, der erste vegane Weihnachtsmarkt der Welt, ist erfolgreicher als je zuvor. Und am Ende steht etwas, das mir am Herzen liegt: Die Albert-Schweitzer-Stiftung hat mich informiert, dass der Verzehr von Enten aus industrieller Tierhaltung im Jahr nach meiner Performance um vier Prozent gesunken ist. Da vorher jährlich 38 Millionen Enten in Deutschland verzehrt wurden, habe ich also bestenfalls rund anderthalb Millionen Enten davor bewahrt, industriell geknechtet zu werden. Das ist ein riesiger Erfolg. Mehr als ich als Künstlerin je zu wünschen gewagt hätte.

Weiterhin habe ich gelernt: Enten kennen kein 'Sie'. Eine Ente ist eine Ente oder ein Erpel ist eine Ente. Das 'Siezen' in der Sprache ist nur eine Wichtigtuerei und ein Sich-über-andere-Menschen-stellen. Ich duze alle Lebewesen. Liebe Maren, du hast mir das Ente angeboten. Du darfst mich also auch enten. Endlich reden wir miteinander. Also du?

Du?

Du und wir.

Das ist ein guter Abschluss. Über eine Million Enten zu retten ist eine Hausnummer, eine weitere Hausnummer sind deine 13 erotischen Fotobände. Allein vom Werkumfang hast du mit 30 Lebensjahren

unglaublich viel veröffentlicht. Deine Produktivität ist auffällig. Gibt es da einen Trick?

Bei meinen Fotobänden betrachte ich mich als eine Ein-Personen-Fabrik, ähnlich wie Andy Warhols Factory. Ich bin vermutlich die einzige bekannte Fotogräfin, die für ihre Fotobände keine Kamera in die Hand nimmt, sondern ausschließlich mit schon vorhandenem Material arbeitet. Die Bilder für meine Fotobücher stammen ausschließlich von Pornoseiten im Internet, die jedermann zugänglich sind, dadurch kann ich jedoch sehr schnell einen für mich runden Fotoband mit Aussage erstellen. Für ‚echte' Fotografen mag das eine Provokation sein, weil sie oft stunden- und tagelang an einem Setting arbeiten. Ich arbeite lieber mit gefundenem Material. Als Performancekünstlerin erfinde ich die Welt neu, als Fotokünstlerin bilde ich neu ab, was schon vorhanden ist.

Deine ersten beiden Fotobände *Muschi Mandalas* und *Schwanzalas* bilden thematisch eine Einheit. Erzähl bitte etwas über den Entstehungsprozess!

„Muschi Mandalas" war mein erster Fotoband. Er entstand noch in Studienzeiten. Ein Freund hatte mir eine Photoshop-Kopie auf meinen Rechner gespielt und mich in die ersten Schritte eingewiesen. Ein paar Wochen später habe ich einen Photoshop-Filter mit albernem

Namen entdeckt, mit dem man aus kleinen Bildausschnitten Mandalas machen kann. Da ich nicht wusste, womit ich den Filter ausprobieren sollte, habe ich einfach von einer Pornoseite mehrere Vagina-Close-Up-Fotos heruntergeladen und den Filter an diesen Fotos getestet. Die Resultate haben mich überrascht, weil sie überhaupt nicht pornografisch waren. Kein Mann holt sich bei solchen Bilden einen runter. Und gleichzeitig wirkten sie künstlerisch, ohne Kunst zu sein. Die Rundgang-Ausstellung meiner Hochschule nahte, und bei einem Kunstklassentreffen sollte jeder vorstellen, was er da beim Rundgang präsentieren wird. Ich haderte damals mal wieder mit meinen Kommilitonen und wollte eigentlich nur eine weiße Wand präsentieren mit dem Titel „Weiße Wand". Doch beim Treffen sagte ich spontan: „Ich stelle ‚Muntere Mädchen machen Muschi Mandalas' aus." Also habe ich wochenlang an Muschi Mandalas gebastelt. Das Projekt ist eine Form von Anti-Kunst. Das beste Kompliment, das ich bisher dafür bekommen habe, war: „Mein schizophrener Freund ist in der Psychiatrie, und er hat sich alle Muschi Mandalas ausgedruckt und an die Wand gehängt."

Für den Rundgang brauchte es nur noch Titel für die Bilder. Eine Kommilitonin präsentierte ihre Hauptwerke „grün auf gelb" und „gelb auf grün". Das Bild „grün auf gelb" bestand aus einer grüner Farbschicht auf einer gelben. Und „gelb auf grün"? Jetzt kommt die Überraschung: eine gelbe Farbschicht auf einer grünen.

Kann man machen, muss man nicht. Ich suchte also nach Bildnamen, die sich bestmöglich vom Kunstbetrieb abgrenzen, deswegen habe ich einfach Schlagertitel und Sprichwörter genommen und das Wort „Muschi" eingebaut. Es gab Kommilitonen, die mich offen dafür angefeindet haben. Ich benannte die Bilder à la „Das Leben ist kein Muschilecken" oder „Die frühe Muschi fängt den Wurm" oder „Die klügere Muschi gibt nach". Eine quirlige Feministin meiner Hochschule wollte sogar durchsetzen, dass das Foto mit dem Titel: „Lieber einen dicken Bauch vom Ficken als einen krummen Buckel vom Arbeiten" verboten werden sollte. Und so merkte ich wieder einmal: Kunst darf alles, nur nicht den Kunstbetrieb kritisieren. Die Bilder durfte ich trotzdem aufhängen. Nach der Ausstellung habe ich den Fotoband „Muschi Mandalas" kostenfrei ins Internet gestellt, so dass ihn sich jeder, der ich haben wollte, herunterladen konnte. Auch hier habe ich wieder ein Tabu gebrochen: Man darf Kunst in Banken und Versicherungen ausstellen, man darf sich von einem ausbeuterischen Konzern sponsern lassen, man darf Kunst an reiche Arschlöcher verkaufen, aber man darf Kunst nicht verschenken. Naja, also Eva macht, was man nicht darf.

Ich dachte immer, Kunst kennt keine Tabus. Du scheinst mir eine richtige Tabuentdeckerin und -brecherin zu sein. Welche Kunsttabus hast du mit

deinen Büchern *Muschi Mandalas* und *Schwanzalas* gebrochen?

Insgesamt vier. Kunst mit Geschlechtsorganen ist ein Klischee, das man möglichst vermeiden sollte. Bilder dürfen keine witzigen Titel haben. Man darf nicht Fotos klauen, ohne die Quellen anzugeben. Man darf seine Kunst nicht verschenken. Jedes einzelne Tabu ist für sich recht unproblematisch, wenn man es mit dem Werk begründen kann. Dass ich mich jedoch an keine der an der Hochschule gelehrten Regeln gehalten habe, machte *Muschi Mandalas* zu Anti-Kunst. Von Künstlern und Kommilitonen verachtet, vom Publikum geliebt.

Dann kommen wir auf zwei weitere Themen zu sprechen, für die du in der Kritik stehst: dein Umgang mit dem Urheberrecht und der Vertrieb deiner Kunst unter einer Creative-Commons-Lizenz. Magst du ein paar Worte dazu sagen?

Gerne! Zunächst einmal, warum ich meine Kunst verschenke. Ich habe eben schon erwähnt, dass ich mein Schaffen nicht an reiche Gönner verkaufen möchte. Ich möchte mich überhaupt nicht verkaufen. Ich mache ich unverkäufliche Kunst. Kunst gehört allen und sollte nicht privatisiert werden. Stellen wir uns vor, ein solitärer Sammler hätte sich Johann Sebastian Bachs ‚Goldberg Variationen' gekauft, um das Manuskript an seine

Kellerwand zu nageln oder in einem Akt ultimativer Dekadenz zu verbrennen. Es wäre nie zu einer Aufführung dieses Meisterwerks gekommen, nur weil ein egomanischer Pyromane es nicht rausrücken wollte. Was für ein Verlust. Und in diesem Dilemma steckt jede Kunst. Ich setze mich deswegen für ein Verbot des privaten Kunstbesitzes ein.

Mein Liebchen, wovon sollen die Künstler dann leben? Wovon willst du mich denn ernähren?

Dazu braucht es zwei – und jetzt hör gut zu, mein Herzchen - gesellschaftliche Veränderungen: Erstens brauchen wir ein bedingungsloses Grundeinkommen. Damit hätten alle Künstler und Journalisten die Möglichkeit zu machen, was sie für richtig halten. Zweitens brauchen wir eine Art „Kunstagentur", die sich um den Ankauf und den Verleih aller Kunstwerke kümmert, organisiert als ein demokratischer Verein, dessen Mitglieder sich darum kümmern, dass jedes Kunstwerk entsprechend der Arbeitszeit, der Materialkosten, der Relevanz und der Innovation bezahlt wird. Das klingt erst einmal abstrakt, doch der heutige Kunstmarkt mit Mäzenen, die Kunst aufgrund ihres angeborenen Kunstnäschens für wichtig erklären, ist um ein vielfaches abstrakter. So in etwa sieht meine maximale Radikalforderung aus.

Und dein Umgang mit dem Urheberrecht?

Um zu zeigen, dass es auch anders geht, habe ich meine Kunst sozialisiert. Sie ist ein Geschenk. In meinen Büchern werden bearbeitete Pornofotos verwendet, ohne die Herkunft der Originalbilder anzugeben, was eine Art Sozialisierung fremder Kunst darstellt. Rechtlich bewege ich mich in einer dunkelgrauen Zone. Erfreulicherweise oder leider auch nicht haben Pornos in der Regel eine geringe rechtliche ‚Schöpfungshöhe', und ehrlich gesagt, ich habe keine Ahnung, ob ich sie bearbeiten darf oder nicht. Ich mache es, weil ich es aus künstlerischen Gründen für richtig halte. Kunst darf alles. Auch dies. Und das. Das Kunstwerk im Zeitalter seiner digitalen Reproduzierbarkeit ist allein aufgrund der technischen Möglichkeiten schon sozialisiert. Jeder Computer mit Internetanschluss ist ein Verlag, eine Galerie, ein Museum, ein Musikladen und eine Bibliothek. Gegen diese Erkenntnis anzukämpfen ist ein Kampf gegen Windmühlen. Es lohnt nicht, sich über den finalen Verlust des großen Urheberrechts zu beklagen. Es ist einfach sexy, Möglichkeiten zu nutzen. Carpe tutti diem et cultura! Auf deutsch: Ich hab uns alle lieb.

Das wäre eine echte Zäsur im herkömmlichen Kunstbetrieb. Selbstverständlich kann man auf Kunst verzichten. Keiner würde den Film „Titanic" vermissen, wenn er nicht gedreht worden wäre. Hier

stellen sich mir mindestens drei Fragen: Wie wird materiell und logistisch teure Kunst zukünftig finanziert? Führt demokratische Kunst nicht zu Verflachungen à la Fernsehgarten im ZDF? Die kleinste Schnittmenge ist schließlich nicht immer die beste. Landen wir so nicht von der Diktatur des Kapitals in der Diktatur der Spießbürger-Mehrheit?

Aber Maren: Lass uns dieses leidige Thema hier beenden. Ich habe heut Geburtstag und hab schon zu oft meine Meinung zu diesem Thema gesagt. Mir stellt sich hier nur eine Frage: Wann küsst du mich endlich? Die ewig Gestrigen, die Miesepeter und Nörgler, die Bedenken- und Krawattenträger werden sich nur von der Macht der Faktischen überzeugen lassen. Die Zeit, so scheint es im Augenblick, ist auf unserer Seite.

Dann kommen wir wieder mal – Entschuldigung - auf deine Fotobücher zu sprechen. Zuerst hast du *Muschi Mandalas* veröffentlicht, dann *Schwanzalas*. Wie kam es zum zweiten Band?

Inspiration. Wenn ich deine Augen betrachte, so spüre ich das Verlangen, ein Buch mit dem Titel „Augalas" zu veröffentlichen. Außerdem finde ich, dass die Schönheit der Muschi viel zu selten gewürdigt wird, deswegen habe zuerst mit Vaginas angefangen. Es gibt jedoch so etwas wie eine ‚künstlerische Harmonie', und deswegen habe ich den zweiten Band ‚Schwanzalas' gewerkelt oder wie eine Kommilitonin sagte: geferkelt.

Außerdem: „Kunden, die 'Muschi Mandalas' betrachten, ordern auch 'Schwanzalas'".

Beide Bände bezeichnest du als „Anti-Kunst". Dein dritter Kunstband *Pussy Land* hingegen wurde von der Kunstwelt sehr positiv aufgenommen, hat jedoch politisch gesehen einigen ziemlichen Staub aufgewirbelt ...

Hinter *Pussy Land* steckt die Erkenntnis: Es sind Frauen, die diese Welt am Laufen halten. Dies wollte ich mit einem Fotoband veranschaulichen, indem ich der Reihe nach alle Nationalflaggen mit Vaginas collagiert habe. Das Buch besteht also aus 194 Flaggen und ein paar mehr Vaginas. Warum mehr Vaginas? Für Doppelstaaten wie São Tomé & Príncipe habe ich Bilder von zwei Muschis verwendet. Ich halte das Buch für visuell gelungen. Es steht unter dem Motto: Pussy makes the world go round. Jedoch habe ich unterschätzt, dass die Inszenierung von Vaginas beziehungsweise Vulvas in vielen Ländern ein Tabu ist. Wie abstrus! Jeder Mensch kommt aus einer Vagina, es sei denn, sie oder er wurde per Kaiserschnitt geboren, und doch gibt es Länder, in denen Muschis nicht gezeigt werden dürfen, oder noch schlimmer: in denen man sie nicht einmal erwähnen darf. Das Hauptproblem waren Islamofaschisten. Auf der Flagge des Irak steht beispielsweise: Allahu Akbar. Eine allerheilige Kuh, die man nicht antastet. Die Kombination aus ästhetischer Vulva und religiöser Doktrin führte zu bitterbösen E-Mails und Morddrohungen. Ich habe mich damals entschieden, mit den Drohungen nicht an die Presse zu gehen, da es vermutlich zu einer weltweiten Fatwa gegen mich geführt hätte.

Hattest du Angst?

Ja und nein. Die Morddrohungen kamen von Schreibtischattentätern, für die gilt: Islamisten, die keifen, morden nicht. Ich hatte dennoch ein schlechtes Gefühl. Mein größter Vorteil zu dieser Zeit war mein Lebensstil. Wenn man keine feste Wohnung hat, muss man nicht befürchten, dass ein Molotov-Cocktail durchs Fenster fliegt oder ein Attentäter einem vor der Wohnung auflauert. Trotzdem habe ich mich zur Vorsicht für einen Monat in eine freundliche Landkommune zurückgezogen, der ich heute noch dankbar für ihr Asyl bin. Zu meinem Glück gab es einen Monat später einen weltweiten Aufschrei wegen „Schnuckipussi", der Novelle von Gislinde Stern, in der Mohammed mit Jesus eine Nacht im Swingerclub Nordheide verbringt. Damit konnten meine Vulvahu Akbars nicht mithalten; seitdem habe ich keine Drohungen mehr erhalten. Auch für Attentäter gilt eine einfache Regel: Man kann nicht zwei

Feinde gleichzeitig ermorden, und Schriftstellerinnen sind wichtigere Zielobjekte als Künstlerinnen.

Wie hast du die Arbeit an diesem Buch erlebt? Ich stelle es mir sehr langwierig vor, 194 Flaggen mit weiblichen Vaginas zu collagieren.

Ach, du stellst es dir also vor. Das war es auch. Ich habe zwei Monate damit verbracht, passende Fotos im Internet zu finden. Diese Arbeit war für mich aufreibend, weil ich mir etliche Tausend Pornobilder ansehen musste, um passende Fotos für meine Auswahl zu finden. Wenn man sich durch so viele Pornoseiten klickt, dann stöbert man automatisch in Material, das einen abstößt. Das Schlimmste, was ich mir angesehen habe, war ein japanischer Film, bei dem Männer einem heulenden Mädchen die unterschiedlichsten Gegenstände und Lebewesen in den Arsch einflößen bis hin zu Fischen, die ihr durch einen Trichter eingeführt wurden. Das Video endete damit, dass ihr eine Blume in den Po gesteckt wird. Das sind Bilder, die man möglichst schnell verdrängen muss. Man muss klare Grenzen zwischen künstlerischer Arbeit und privatem Leben setzen, um durch die schiere Menge an Pornografie nicht zerfetzt zu werden. Das Leben ist kein Porno. Mir fällt diese Unterscheidung leicht. Es gibt jedoch Betrachter meiner Werke, für die ich eine Art Pornostar der Kunst bin, nur weil ich mich an Pornos abarbeite. Die Wahrheit ist: Ja, ich vögel gerne. Mein Sexualleben hat jedoch wenig mit Pornofilmen zu tun. Mein innerer Porno, meine Liebste, schaut so aus: stundenlanges Streicheln und Küssen, ein leckeres, veganes Frühstück am Morgen, gemeinsames Singen unter der Dusche, nackt in einen Waldsee springen, die Spätwerke von Leonard Cohen hören, spitzkegelige Kahlköpfe essen, sich beim Rainer-von-Vielen-Konzert austanzen, sich stundenlang über Virginia Woolf streiten oder sich mit einer Kunstwissenschaftlerin mit Yogi-Tee und Räucherstäbchen auf einem Sofa sitzend über Kunst unterhalten und zwischendurch immer mal wieder vögeln, weil's Spaß macht – so schaut mein persönlich-pornografisches Kopfkino aus.

Wenn du einen Porno mit mir drehen würdest, wie würde der Plot aussehen?

90 Prozent Vor- und Nachspiel. Zehn Prozent Vögeln im Dunkeln, also nur Stöhnen. Die explizite Darstellung von Sex finde ich langweilig, Kopfkino ist und bleibt das beste Kino.

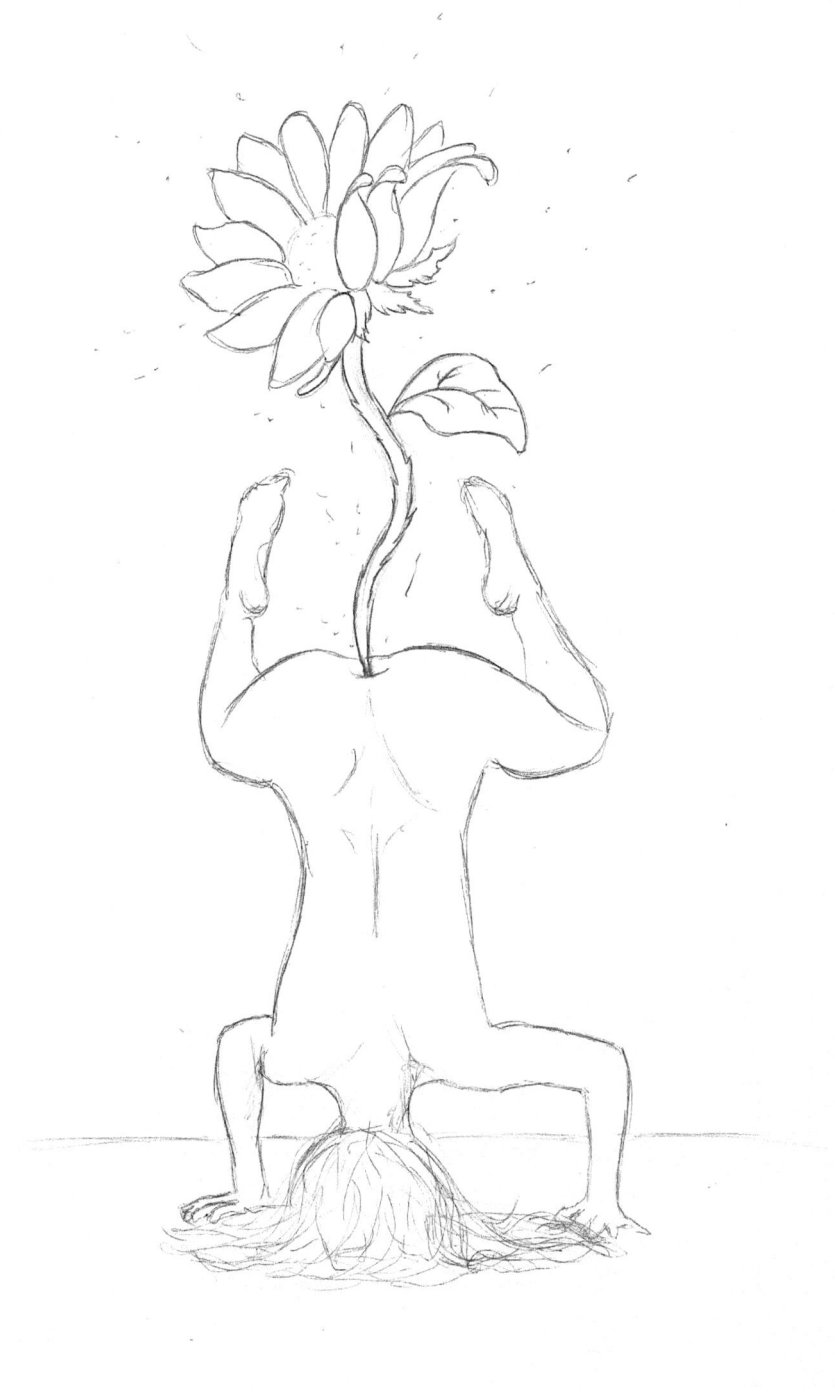

Ähm, das kam verblüffend schnell. Dein vierter Fotoband heißt: *unporn my heart*. Bezieht sich der Titel auf deine früheren Werke?

Ja. Nach drei quasi-pornografischen Fotobänden wollte ich mit dem Thema abschließen, und um meinem erotischen Fotowerk ein würdiges Ende zu geben, habe ich den Band *unporn my heart* gestaltet, der aus entfremdeten Hardcore-Fotos besteht. Das Buch ist ein industriell hergestelltes Werk zweier Nächte. Mein Plan war, dass ich mich nach diesem Band gänzlich anderer Fotokunst widme. Als Fotografin mache ich seit mehreren Jahren Fotos bei Tierbefreiungsaktionen, also Fotos von Schweinen, Gänsen und Hühnern in Massentierhaltung. Diese Fotos habe ich bisher nur anonym auf Tierrechtsseiten im Internet veröffentlicht, und ich hatte den Plan, aus diesen Fotos einen Kunstband mit neuem Sujet zu gestalten.

Was hat dich bisher von der Veröffentlichung abgehalten?

Mir fehlt noch der kreative Funke. Es fällt mir leichter, Pornobilder zu bearbeiten als Fotos von geknechteten Tieren. Ich habe viele Filter ausprobiert, aber bisher noch nicht die richtige Bildsprache gefunden. Die Fotos von Tieren in industrieller Massentierhaltung sind erst einmal kunstfern. Man sieht schlecht ausgeleuchtete Tiere in

Ställen. Bei Schweinen fällt es noch leicht, eine Beziehung zum Tier über das Gesicht herzustellen, wenn man 40 Tausend Hühner in einem Stall hat, ist es unmöglich, ein individuelles Huhn zu präsentieren. Meine letzte Idee zum Thema war, Fotos von Schweinen in industrieller Haltung und dem Eintrag über Wildschweine in Brehms Tierleben zu collagieren. Besser kann man die Unterschiede zwischen den Bedürfnissen der Tiere und der industriellen Verwertung als lebendes Fleisch nicht zeigen. Bisher bin ich allerdings noch nicht dazu gekommen.

Zurzeit plane ich mit einer befreundeten Werbe-Fotogräfin einen Fotoband, bei dem ich zum Teil als Model, hauptsächlich als Köchin tätig sein werde. Der Titel des Kunstkochbuchs lautet: „vagivegan". Geplant sind Fotos von 30 veganen Vorspeisen, die in Kombination mit einer weiblichen Vagina fotografiert werden. Zwölf der Fotos werden als Kalender kostenlos unter die Leute gebracht.

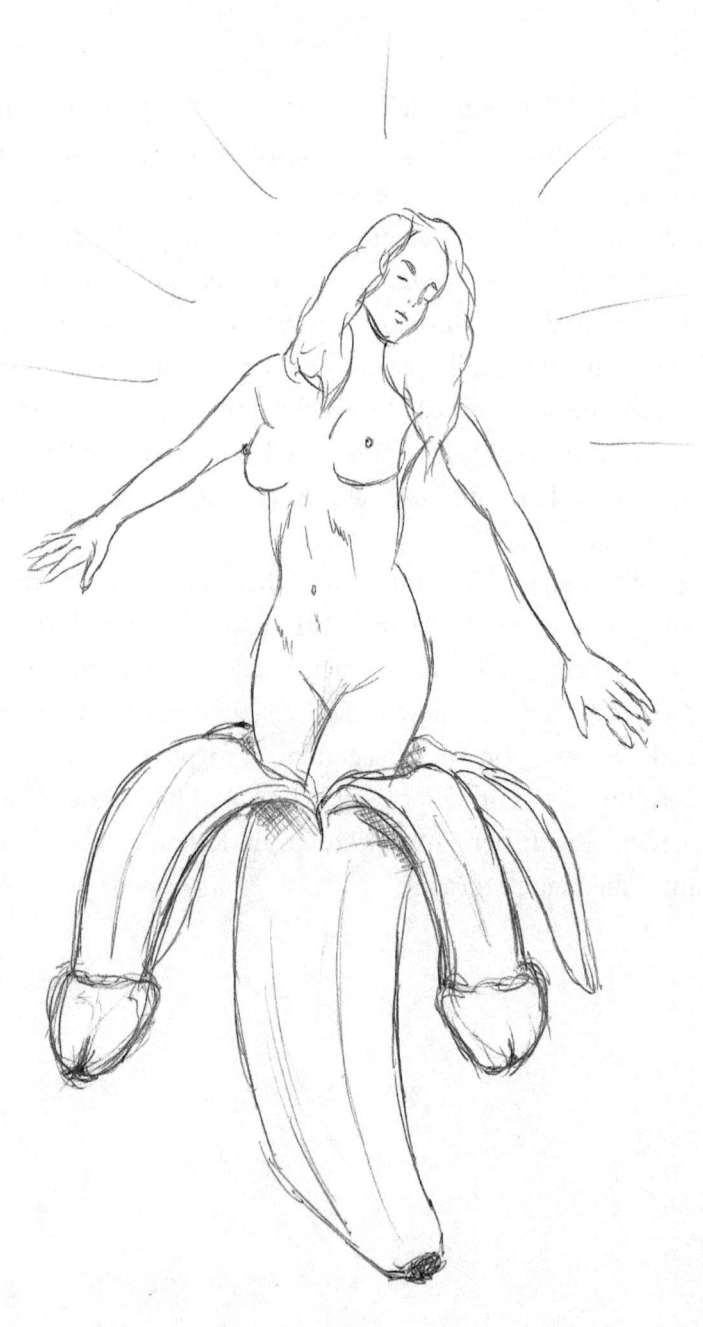

Das klingt auf den ersten Blick ein wenig platt.

Das Idee ist in der Tat simpel, es ist eine Frage der Mischung von Rezept und Ästhetik. Die Testfotos mit scharfen Melonenspießen, gebratenen Hokkaidoscheiben und Brokkoli-Blumenkohl-Carpaccio sehen klasse aus. Ich stelle mir diese Aktion weniger als Kunst vor, sondern als einen Gegenpart zu Fleischkalendern. Denn es gibt ja beispielsweise Geschmacklosigkeiten wie den Carponizer, einen Karpfenkalender, in dem nackte, brustoperierte Frauen mit toten Karpfen abgebildet werden. Oder den Jagdkalender, wo sich nackte Frauen mit Elfenbein und toten Tieren präsentieren. Oder den Metzgerkalender, in dem halbnackte Metzger ihrer Fleischeslust frönen. Dann doch lieber „vagivegan". Stimmt's, Süße?

Wir verlieren uns in den Themen Kunst, veganes Leben und Sex.

Ja, Verlieren und Finden liegen oft nah beieinander. Jeder Mensch hat gewisse Lebensthemen, die ihn bewegen. Bei mir sind das – unter anderem – diese drei Themen. Alle drei sind jedoch nur Melodien, der Generalbass ist mein Leben, so wie ich es führe. Kunst hingegen ist übergeordnet, ich möchte sie nicht als Thema oder Melodie bezeichnen, sondern als Kompositionsprinzip. Ich führe mein Leben nach den Regeln der Kunst. Die Themen und Melodien sind dann auf den ersten Blick

Sex und Ernährung, auf den zweiten Blick sieht man, dass diese Themen Unterthemen meines Hauptthemas sind: die bedingungslose Liebe zum friedlichen, gewaltfreien Leben. Das mag kitschig klingen, solange jedoch menschelnde Zombies ihr Leben dem Hassen, Plündern, Morden und Unterdrücken widmen, solange singe ich meine Lieder ohne Musik.

Nach *unporn my heart* gab es einen Bruch in deiner Fleißbandproduktion: Drei Jahre lang hast du keine Fotobücher mehr veröffentlicht, stattdessen hast du mit anderen Aktionen Aufmerksamkeit erregt. Die Petition *Schmus- und Betttag* ist die bekannteste - darauf möchte ich kurz zu sprechen kommen. Was war der Hintergrund und wie ist es aus deiner Sicht gelaufen?

Der Hintergrund: Es gibt in Deutschland neun bundeseinheitliche Feiertage, von denen sechs christlich geprägt sind und nur drei weltlich, nämlich Neujahr, der Tag der Arbeit und der Tag der Deutschen Einheit. Hinzu kommen zehn christliche Feiertage, die jeweils nur in einigen Bundesländern gefeiert werden. Im Mittelalter gab es noch rund 100 kirchliche Feiertage. Es gab indes noch nie einen Feiertag, der ausschließlich der Liebe gewidmet ist, deswegen war meine Idee, den *Schmus- und Betttag* einzuführen. Ich habe deswegen eine Online-Petition für einen *Schmus- und Betttag* beim Deutschen

Bundestag eingereicht. Innerhalb von vier Wochen hatte diese Petition mehr als 150 Tausend Unterstützer, also mehr als drei Mal so viele Stimmen wie nötig sind. Ich wurde deswegen zur öffentlichen Anhörung in den Petitionsausschuss eingeladen. Dort durfte ich eine flammende Rede für die Liebe halten, die einige Abgeordnete zu Tränen gerührt hat. Leider wurde die Petition von der damaligen schwarz-gelben Regierung abgelehnt, vermutlich, weil mein Schmus- und Betttag schwer mit einem neoliberalen Weltbild vereinbar ist. Bei der darauf folgenden Bundestagswahl hat die Bevölkerung die schwarz-gelbe Regierung abgewählt. Vielleicht gibt es da einen Zusammenhang. Vielleicht auch nicht.

Magst du Musik anmachen?

Was möchtest du hören?

Du bist Gastgeberin.
(Ich wähle Musik aus.)
Wer ist das?

Daturah, eine Postrock-Band. Ich dachte, Musik mit langen Songs und ohne Text lenkt am wenigsten vom Interview ab. Wollen wir weitermachen?

Jein. Wir haben ein Interview vereinbart, doch je länger es dauert, um so schwerer fällt mir das Sprechen.

Manchmal ermüdet mich das Reden über meine Arbeit. In den letzten zehn Jahren habe ich rund zweitausend Interviews geführt und inzwischen kommen mir meine geschliffenen Antworten wie eine eigene Kunstform vor. Ich freue mich sehr, dass ich heute keine Standardantworten auf Standardfragen geben muss, doch so langsam spüre ich eine gewisse Müdigkeit im Antworten. Ich freu mich allerdings sehr, heut bei dir zu sein und sehe auch, dass auf deinem Zettel noch einige Fragen stehen. Also lass uns schnell das Pflichtprogramm absolvieren, bevor wir die Kür zelebrieren.

In Ordnung, so machen wir es. Was sagst du zu dem wiederkehrenden Vorwurf, dass du mit „nackten Tatsachen" und pornographischen Inhalten einfach nur Aufmerksamkeit schinden willst?

Dieser Vorwurf ermüdet mich. Er kommt meistens von Künstlern, die aus ihrer Sicht zu wenig Aufmerksamkeit und meistens auch Geld bekommen. Die eigentliche Frage ist doch, wofür man die Aufmerksamkeit benutzt. Wenn ich mit meinen Bildern Menschen und Tiere glücklich mache, wenn ich dazu beitrage, die Ausartungen des Kunstmarktes zu durchbrechen, und wenn ich Menschen anrege, ihr Leben performativer zu leben und zu ihren Bedürfnissen zu stehen, dann habe ich kein Problem damit, meine Aufmerksamkeit mit "nackten Tatsachen" zu bekommen. Von mir aus können die Verschmähten gerne "bekleidete Lügen" präsentieren.

Dein fotografisches Œuvre ist jedoch vielschichtiger und vielfältiger. Ich neige dazu, deine neueren Fotobände in zwei Kategorien einzuordnen: Song-Hommagen und Text-Performances mit dekorativen Fotos. Wie sind die Song-Hommagen entstanden?

Wir reden jetzt über meine Foto-Bände: *Stockings, A Hard Days Night, I'm your Woman, Back Door Man, Mrs. Hamilton* und *The Porn must go on.* Die ersten fünf dieser Bände sind Fetischbände, die jeweils einen Fetisch mit einem Popsong kombinieren. Zur Entstehung von *Stockings*: Nach dem Besuch einer Kunstausstellung über Textilien im Kunstmuseum Wolfsburg hatte ich die Inspiration, einen Fotoband über Textilien zu machen. Kurz vorher hatte ich einen Photoshop-Filter entdeckt, der ideal für Netzstrümpfe ist. Dazu kam ein Song von Suzanne Vega. In diesem Fall waren also zuerst die Bilder da und dann der Text. Die weiteren Fotobände sind ähnlich entstanden, nur, dass meine Inspiration jeweils ein spezieller Fetisch war. *A Hard Days Night* stellt die Verbindung von Footjobs und einem mittlerweile klassischen Arbeitersong her. Das Buch war ein Geburtstagsgeschenk für einen meiner Liebhaber, der auch auf einem der Fotos als Schwanz-Model tätig ist. *I'm your Woman* hingegen ist ein SM-Fotoband und eine

Hommage an Leonard Cohen. Die Fotos leben von der Ambivalenz der gefesselten Frauen, deren Gesichter den Betrachter direkt anblicken, und der Frage, ob es sich hier um weibliche oder um männliche Fantasien handelt. Auch wenn Frauen hier passiv dargestellt sind, so kann man sie als den aktiven Teil betrachten, deren Lust die Männer dominiert. Die Reaktionen auf diesen Band waren gemischt. Einige halten die Fotos für zu „glattgebügelt". Das Maskenhafte jedoch macht die Bilder universell und aus so genannten Pornos Kunst. Ich persönlich halte die Posen nicht für brutal, sondern eher für zärtliche Wertschätzung. Fesseln kann auch mit Vertrauen verbunden sein. Ein Ehering ist nichts anderes als eine symbolische Fessel. Echte Brutalität sieht man, wenn man sich die Fleischtheke im Supermarkt oder die Nachrichten anschaut.

Der kontroverseste dieser Fotobände ist mit Sicherheit *Mrs. Hamilton*. Ich zeige Bilder von Teen-Porn-Seiten, deren Models laut Betreiber der Seiten zwischen 18 und 20 Jahren alt sind, jedoch oft deutlich jünger aussehen. Dieses Buch überschreitet auch für mich die Grenze dessen, was gezeigt werden darf. Als Künstlerin jedoch zeige ich die Welt, wie sie ist, und dazu gehört, dass wir in einer anonymisierten Zeit leben, in der man sich legal nackte Teens in anzüglichen Posen anschauen darf. Alle Bilder aus diesem Band sind von Internetseiten, die man ohne Zugangsbeschränkungen mit einem oder zwei Klicks erreichen kann. Auf den Fotos sind nur nackte

Mädchen zu sehen; Fotos mit sexuellen Handlungen habe ich außen vor gelassen. Die Arbeit war für mich verstörend, weil ich mich der erotischen Ausstrahlung der Models nicht entziehen konnte. Es ist wie mit den Fotos von David Hamilton und Jock Sturges: Sie zeigen die erblühende Sexualität von Kindern und Jugendlichen. Die Grenze zwischen Kunst und Kinderpornografie ist sehr schmal, auf dieser Grenze wandert *Mrs. Hamilton* und überlässt es dem Betrachter, seine Schlüsse aus den Bildern zu ziehen. Wie auch *I'm your Woman* lässt sich der Fotoband sowohl feministisch als auch anti-feministisch präsentieren. Beide Werke zeigen radikal-weibliche Sexualität, die jenseits der Vorstellungskraft von Feministinnen in lila Türmchen ist.

Im Vorwort von *I'm your Woman* erwähnst du, dass der weltweit bekannte Fotograf und Regisseur David Hamilton dein Onkel sei. Stimmt das?

Nein, die Wahrheit ist: Er ist mein Groß-Onkel. Er ist der Onkel meines Vaters der aus England stammt. Mein Vater kam damals mit der Armee nach Deutschland und hat hier meine Mutter kennengelernt. Er hat erst spät erwähnt, dass mein Groß-Onkel ein bekannter Fotograf ist. Ich habe ihn nur einmal während unserer Ferien in England getroffen. Bei diesem Treffen hat er zwei Fotos von mir geschossen, von denen eins in seinem Fotoband

The Age of Innocence erschien. Seit diesem Urlaub habe ihn nicht mehr gesprochen.

Dass deine Fotobände populär sind, ist unbestritten. Aber gibt es auch Menschen, denen das tatsächlich gefällt?

In der Tat und noch viel mehr. Zwei weitere Fotobände von mir sind *Back Door Man* und *Variationen von Doppel- und Tripelpenetrationen*. Diese Bände sind beide nach einer Kunstausstellung entstanden, bei der mich eine Besucherin dafür kritisierte, dass auf meinen Fotos zu selten Analverkehr und Doppelpenetrationen zu sehen sind. Bei Kritik unterscheide ich immer zwischen Meinungen und Argumenten. Meinungen ignoriere ich grundsätzlich, wenn sie nicht begründet sind. Es ist mir egal, was Menschen von mir oder meiner Kunst halten. Anders sieht es aus mit begründeten Meinungen. Die Besucherin hatte recht, und ich habe aufgrund ihrer Kritik die beiden Fotobände angefertigt. *Variationen von Doppel- und Tripelpenetrationen* fällt aus der Reihe, da ich bei den Fotos mehr experimentieren musste. Das Thema Doppel- und Tripelpenetrationen gibt fotografisch nur sehr wenig her. Es gibt nur wenig mögliche Sexstellungen, Fotografen haben daher nur wenig Spielraum beim Blickwinkel auf das Sujet. Ob mir dieser Band gelungen ist, kann ich selbst nur schwer beurteilen. Es ist auf jeden Fall die einzige künstlerische

Darstellung dieser sexuellen Spielart. Es ist auch nicht mein Lieblingsthema, persönlich bin ich sexuell-seriell polyamourös.

Dein Band *The Porn must go on* beschäftigt sich mit homosexuellen Pornobildern und ist auch gleichzeitig dein letzter Fotoband. Woher hattest du die Idee?

Dass es mein letzter Fotoband sein sollte? Die Idee hat sich mir beim Fahrradfahren aufgedrängt. Ein fieser Ohrwurm trällerte munter in meinem Kopf: „The Show must go on" von Queen. Ich hab aus Versehen das Wort ‚show' mit ‚porn' verwechselt. Eine Eva Ginasche Fehlleistung. Dann wurde ich krank. Ich habe damals häufiger bei einem schwulen Freund im Gästezimmer übernachtet und war sehr froh, dass ich bei ihm einige sehr kalte Tage verbringen konnte. Fünf Tage lang hatte ich eine schwere Grippe, während der er mich sehr fürsorglich pflegte. Das Buch war ein Geschenk für ihn, über das er sich sehr gefreut hat.

Bevor wir uns über deine Performance-Fotobände unterhalten, möchte ich noch ein weiteres Projekt von dir anschneiden: deine Musik für Stöhn-Chor.

Ach, hihi, das hatte ich schon fast vergessen. Ich hatte schon immer Lust, Musik zu machen, spiele aber leider kein Instrument und bin auch keine erstklassige Sängerin.

Und auch nicht dritt- oder viertklassig. Nun, ich habe eine Nacht mit einer Frau verbracht, die ganz hervorragend stöhnte. Ihr Stöhnen hatte eine metaphysische Qualität und ich wollte gar nicht aufhören, sie zu lecken und fingern, weil ich ihr immer weiter lauschen wollte. Mir ist in dieser Nacht aufgefallen, dass Stöhnen eine musikalische Qualität besitzt, die genauso bewegend wie ein Popsong ist. Also habe ich habe zwölf Stöhn-Songs geschrieben, die man als performative Musik bezeichnen kann. Unter dem Titel „12 Pieces for Stöhn-Chor" wurden sie in der Edition Peters veröffentlicht. Für die Aufführung habe ich mir elf befreundete Künstler gesucht, mit denen ich jetzt zweimal jährlich ein Wochenende lang in einem Münchener Künstlerhaus probe.

Damit tretet ihr tatsächlich auf. Vor Publikum.

Es gibt feste Stücke mit Solo- und Gemeinschaftsparts. In der Notation meiner zwölf Werke habe ich jedoch keine Noten verwendet, so dass jede Interpretation unterschiedlich klingt. Auch andere Mitglieder der Gruppe haben Werke für den Chor geschrieben, so dass wir mittlerweile ein reichhaltiges Repertoire haben. Neben den notierten ,Songs' haben wir performative Einlagen. Bei unserem letzten Auftritt haben zum Beispiel vier Mitglieder sich auf der Bühne hinter einem Vorhang selbst befriedigt und währenddessen gestöhnt. Wir hatten auch einmal eine SM-Performance, bei der vier Chormitglieder auf der Bühne gekitzelt und geschlagen wurden. Gerte auf Po ist ein formidables Rhythmusinstrument und in diesem Fall auch Schlagwerkzeug. Manchmal lassen wir auch das Publikum mitstöhnen, was ein schönes Gemeinschaftserlebnis ist.

Fotos, Musik, Performancekunst und Texte – du bist in vielen unterschiedlichen Feldern aktiv. Es fällt mir schwer, deine Kunst einzuordnen. Wie stehst du dazu?

Warum sollte ich mich auf ein Genre oder Medium beschränken? Ich glaube, viele Künstler beschränken sich nur, weil sie ihre Kunst verkaufen müssen. Es ist einfacher, wenn man „Betonklotzbearbeiter" auf seine Visitenkarte schreiben kann, als wenn man zwanzig verschiedenen Interessen angibt. Gekauft wird nur, was bekannt ist, und sobald man sich in neuem Terrain bewegt, kann man sich nicht mehr auf die Galeristen und potentiellen Käufer verlassen. Wer seine Kunst als Geldwert betrachtet, wird möglichst den Stil beibehalten, der sich gut verkauft. Meine Kunst betrachte ich als Wert an sich, und deswegen möchte ich mich nicht auf Genres und Etiketten beschränken.

Auch deine Bücher *Sexify your Life – 69 Sexperimente für den Alltag* und *Magical Mystery Tour –*

Performancekunst für den Alltag bewegen sich im Spannungsfeld zwischen Literatur, Performance und Fotografie. In einem deiner Interviews hast du sie als dein Hauptwerk bezeichnet.

Die in diesen Büchern versammelten Handlungsanweisungen sind Ideenskizzen für Performances. Jeder, der sie liest, kann und darf sie ausführen. Der Leser bekommt eine mobile Eva-Gina-Ausstellung samt Anleitung zum Fliegen und Träumen – nur für seinen Kopf. Ich bin Lobbyistin für Performancekunst, sie ist die wahrscheinlich am meisten unterschätzte Kunstform. Jeder kennt Picasso, Dali und van Gogh; nur wenige kennen Abramovic, Nitsch oder McCarthy, aber die spielen in derselben Liga! Performancekunst ist leider bisher noch nicht in den Alltag vorgedrungen. Drucke von Van-Gogh-Gemälden kann man günstig im Einrichtungshaus kaufen, Performancekunst lässt sich nicht an die Wand hängen. Prinzipiell halte ich jeden Menschen für einen Performancekünstler. Sie kann für jeden eine spannende Erfahrung sein kann, günstiger, bewegender und aufregender als ein Mallorca-Urlaub oder ein Kinobesuch. Ich bin die Künstlerin, die mit ihren Büchern Performancekunst in die Haushalte bringt. *Magical Mystery Tour* ist ein Werk mit vielen unterschiedlichen Kopfkinofilmen, *Sexify your Life* ist monothematisch geprägt. Ich befreie Performancekunst aus dem akademischen Umfeld, weil sie die universellste aller Künste ist. Der Alltag lässt sich nur schwer von Performancekunst trennen, weil man in jeder Minute eine Rolle spielt und sich somit Gestalt gibt. Der Unterschied zur Performancekunst liegt jedoch darin, dass dieses Gestaltgeben in der Kunst bewusst geschieht und neue Rollen und Verhaltensweisen ausprobiert werden können, die im Alltag noch nicht vorhanden sind. Hinzu kommt, dass Performancekunst immer ein überwindender Willensakt ist. Im Alltag flutscht man durch seine Komfortzonen. Man kennt seinen Tagesrhythmus, man weiß, was zu tun und was zu erledigen ist. Performancekunst jedoch stellt nun ein bewusstes Verlassen und Erweitern der Komfortzone dar. Das wiederum führt zu einer Erweiterung der Rollen und der Handlungsmöglichkeiten.

Ich freue mich immer sehr, wenn ich von Lehrern eingeladen werde und Schülern von meiner Kunst erzählen darf. Manche Eltern halten das für einen Skandal. Ich finde es skandalös, dass Performancekunst an den meisten Schulen keine Erwähnung findet. Typische Partyspiele von Jugendlichen sind „Flaschendrehen" und „Tat oder Wahrheit". Während meines impulsgesteuerten Spontanfrontalvortrags kommt das Aha- und Oho-Erlebnis: Partyspiele sind performative Spielereien. Das ist immer ein guter Einstieg, um für meine Themen zu schwärmen. Gerade für Schülerinnen und Schüler bietet diese Kunstform die

Möglichkeit, sich auszuprobieren und eine künstlerische Haltung zum Leben zu bekommen, denn darum geht es bei aller Kunst: Das Leben mit künstlerischen Augen betrachten. Und aus glupschäugigen Betrachtern werden manchmal warmäugige Entdecker.

Was jetzt kommt, wird dir gefallen. Ich habe ich noch kleine Performance vorbereitet. Warte kurz: Ich mach mal die Musik aus. Schließe nun deine Augen!
(Ich gehe in die Küche, hole einen veganen Kuchen und singe:)
Wie schön, dass du geboren bist,
ich hätte dich sonst sehr vermisst.
Wie schön, dass wir beisammen sind.
Ich gratuliere dir, Geburtstagskind!

Lieben Dank! Das war die schönste Darbietung eines blöden Songs, die ich je gehört habe. Blöd, weil man niemanden vermisst, der nicht geboren wurde. Oder vermisst du Sonja Sunshine, unsere beste Freundin die Cellistin, die auf jeder Party Schlager auf ihrem Cello spielt? Nein. Und wieso? Weil es sie nicht gibt.
(Sie isst veganen Kuchen.)
Ein guter Künstler macht Kunst, die man vermissen würde, nachdem man sie kennen gelernt hat. Ein guter Künstler bereichert die Welt derart, dass man sich die Welt ohne diese Kunst gar nicht mehr vorstellen möchte. Mein Ziel ist es, Spuren zu hinterlassen und nach meinem

Tod vermisst zu werden. Vielleicht ist der Song gar nicht so dumm, denn wenn auf meiner Beerdigung gesungen wird: „Wie schön, dass geboren bist, wir hätten dich sonst sehr vermisst", dann wäre ich zufrieden.

Ich habe noch ein Geschenk für dich. Augen zu, bitte!
(Ich hole das Geschenk und überreiche es Eva.)

Das ist schön eingepackt, aber du weißt: Es geht nicht um die Verpackung, es geht um den Inhalt. *(Sie packt es aus.)* Hui, Clone-A-Pussy.

Das ist ein Vagina-Abdruck-Set, mit dem du einen Abdruck deiner Vulva in Silikon festhalten kannst.

Danke! Ich wusste gar nicht, dass es so was gibt, sonst hätte ich es sicher sehr vermisst. Mal schauen, was ich daraus mache. Das wird eine schönes Geschenk für eine Übernachtung. Vielleicht sogar ein schönes Geschenk für mein Regal ...

Dein Regal? Du hast doch gar kein Regal. Und keine Wohnung. Oder planst du etwa, aus deinem Leben auszubrechen?

Ich hatte nicht geplant, darüber zu sprechen, aber jetzt bin ich so durchpulst von Lebensfreude, deshalb mache ich es einfach. Ja, ich plane, mich aus der Kunstwelt zurückzuziehen. Nach zehn Jahren mit mehr als 30 öffentlichen Performances, mit 13 veröffentlichten Fotobänden, mehr als 1500 Interviews und unzähligen Tieren und Menschen, unter denen ich gelebt habe, benötige ich erst einmal eine Auszeit. Ich möcht so schrecklich gern 'ne Landkommunenhippie sein. Ich weiß, ich bin mit meiner Sehnsucht nicht allein. Mein Plan ist, schwanger zu werden, den passenden schwulen Samenspender habe ich schon, und dann ziehe ich auf eine Landkommune und backe täglich zwei Brote, eins für mich und mein Kind, und eins, um es auf dem Markt zu verkaufen.

Im Ernst?

Definitiv. Darauf antworte ich mit einem existentiellen: Ja. Die letzten zehn Jahre habe ich für die Kunst gelebt, nun möchte ich mein Leben dem Leben widmen. In der Astrologie gibt es dafür den Terminus „Saturn Return". Von Zeit zu Zeit muss man sich wieder erden. Es gibt so unfassbar viele Künstler, die das nicht geschafft haben. Ich habe das Gefühl, dass ich mich verbrenne, wenn ich weiter mache wie bisher. Zurzeit bin ich bekannt und viele Kunstinteressierte glauben, mich zu kennen und haben Erwartungen an das, was ich mache. Denen kann und möchte ich nicht mehr gerecht werden. Ich habe mich schon immer dem Kunstmarkt entzogen, jetzt wird es Zeit, mich der ebenso perversen Ökonomie der

Aufmerksamkeit zu entziehen. Keine Interviews mehr, keine öffentliche Kunst, nur Leben, Leben, Leben. Vor einem Monat lag ich im Park in der Sonne und fragte mich: Und was jetzt? Im Kopf hatte ich 20 Performances, die ich noch erledigen wollte, doch bei jeder stellte sich mir die Frage: Fügt diese Performance etwas wichtiges zu meinem Werk hinzu, was ich noch nicht gesagt habe? Und meine Antwort war jedes Mal: Nöö! Da habe ich gemerkt, dass ich in einem Hamsterrad laufe, wo es nur noch darum geht, die Schrittzahl zu erhöhen. Ich bin jetzt 30, der beste Zeitpunkt, um ein Kind zu bekommen. Wenn ich so weiter mache wie bisher, dann lande ich spätestens in fünf Jahren mit Burn-Out-Symptomen in einer Psychiatrie. Ich habe erkannt, dass ich kein außergewöhnlicher Mensch bin, aber du wirst niemanden finden, der es nicht so versucht hat wie ich. Du fliegst wie eine Feder in einer wunderschönen Welt. Ich wünschte, ich wäre was Besonderes. But I'm a creep, I'm a weirdo. What the hell am I doing here? I don't belong here.

Was machst du gerade?

Ich versuche, mit Zitaten aus Popsongs auf die gebrochene Persönlichkeit hinter der Fassade hinzuweisen. In mir tausend Tränen tief steckt ein Mensch, der zurzeit in einer Sackgasse gelandet ist. Im Interview habe ich dich nicht einmal angelogen, und doch habe ich etwas ausgelassen: Meinen Wunsch, endlich einmal anzukommen. In den letzten zehn Jahren habe ich von Tag zu Tag, von Bett zu Bett, von Performance zu Performance, von Fotobuch zu Fotobuch gelebt, darin habe ich mich gut eingerichtet, in jedem Interview erzähle ich von meinem Lebensstil, doch ich fühle ich mich mittlerweile wie ein Klischee, wie eine Marke, die Erwartungen zu erfüllen hat, die nicht mehr die eigenen sind. Ich bin nur noch Stichwortgeber für die Emotionen meiner Performancegäste. Deswegen möchte ich aussteigen, mich zurückziehen und aufblühen.

Kannst du dir ein Comeback vorstellen?

Nicht, bevor mein Kind zur Schule geht. Ausschließen möchte ich das nicht. Leonard Cohen hatte sein Comeback, nachdem er sieben Jahre lang in einem Zen-buddhistischen Kloster geschwiegen hat. Sieben Jahre sind ein guter Zeitraum, um seine Gedanken zu ordnen. Vielleicht komme ich zurück, vielleicht komme ich an, hoffentlich beides. Doch ganz sicher wird dies vorläufig mein letztes Interview sein.

Ich glaube, damit komme ich zurecht.

Ich danke dir sehr, für die offene, lange Interviewform. Ich danke dir für die Zeit, die ich mit dir verbringen durfte. Was ich bisher erlebt habe, lief meistens anders ab. Man trifft auf Interviewer, die alles in die passende

Form zwängen müssen. Drei Minuten für ein Fernseh- oder Radio-Feature, 50 Zeilen für einen Zeitungsartikel. Ich habe das Gefühl, mich zu oft wiederholt zu haben. Nach diesem Interview ist alles gesagt, was ich sagen wollte. Maren, so stelle ich mir eine Interviewpartnerschaft vor. Das war echt ein riesengroßes Ding. Ich mag dich.

Danke für die Komplimente. Um ehrlich zu sein, für mich war das Interview eigentlich nur eine Auftragsarbeit. Der Chefredakteur hatte mich beauftragt, und in nur zwei Tagen musste ich mich durch dein Leben lesen. Selbst die Idee für dein Geschenk kam von einem Praktikanten, der meinte: „Was kann man einer Vaginalistin schenken? Ich hab eine Idee: Clone-A-Pussy." Ich habe Kunstgeschichte studiert und bin eher zufällig im Journalismus gelandet, weil ich nichts anderes gefunden habe. Das letzte Jahr über habe ich halt Interviews geführt, mehr nicht.

Lass uns umarmen!
(Wir umarmen uns. Lange.)

Kein Problem übrigens mit dem Geschenk. Ich wollte schon immer meine Pussy klonen.

Darf ich dir noch etwas wirklich Persönliches schenken?

Natürlich! Was möchtest du mir schenken?

Eine Performance. Zu zweit. Nur wir beide. Sofort!

Und was stellst Du dir vor?

Wir blicken uns stundenlang in die Augen, bis wir Monster oder Engel sehen, wir tanzen nackt auf der Straße, bis der Regen kommt, wir reden, indem wir schweigen, wir erfinden unsere eigene Sprache, wir ziehen in den Wald und werden Wildschweine oder Uhuhe, wir picknicken auf dem Mittelstreifen der Autobahn, wir singen Eskimomolieder ... Und komponieren eine Sinfonie über Pinguine, wir massieren uns, bis unsere Muskeln weich wie Kissen sind, wir brechen in eine Disko ein, um allein zu tanzen, wir nehmen ein Paddelboot und paddeln bis zur Nordsee ... **Wir unternehmen eine Pilgerreise ans Ende der Welt, wir ohrfeigen uns, bis wir umfallen, wir schlagen uns auf den Po, bis wir nicht mehr sitzen können, wir fahren zu zweit auf einem Rad bis nach Italien, wir synchronisieren unsere Bewegungen, wir verbringen unser Leben im Bettenland ...** Wir tätowieren uns, bis wir keine freie Stelle mehr finden, wir präsentieren uns in Galerien, wir fahren Schlittschuh im Sommer und Fahrrad auf dem Ozean, wir bleiben wach und besiegen den Schlaf, wir essen so scharf, bitter und süß, dass unsere Geschmacksnerven platzen, wir verschenken Umarmungen und Blowjobs ... **Wir bewegen uns im**

Schneckentempo und ignorieren alle Regeln, auch diese, wir landen im Gefängnis und gehen nicht über los, wir werden Revolutionärinnen ohne Revolution, wir leben ohne Strom, Plastik und Benzin, wir sind der Mittelpunkt vom Rande der Welt, wir laufen Mond, Saturn und Sonne entgegen, wir singen, was wir denken, und denken, was wir singen, wir betrachten unser Leben vom Tod, wir verbinden uns die Augen, bis wir wieder sehen lernen, wir halten uns die Ohren zu, um mehr zu hören, wir reden mit Blumen und machen Liebe mit Früchten ... Wir ficken wie Schmetterlinge, Pandabären, und Pelikane und küssen uns wie Krokodile und als Kormorane, wir fotografieren und bei jedem Orgasmus und machen eine Ausstellung daraus, wir tätowieren unsere Gedichte, wir ficken uns zusammen, fesseln uns mit einem gordischen Knoten, wir erfinden unser Kamasutra, unser Leben wird ein veganes Fest des Fleisches, unsere Körper sind die Instrumente unserer Musik, wir sind die Leinwände unserer Kunst ... Und nun? Hast du ein Auto? Ja. Ich habe schon seit einer gefühlten Ewigkeit das Meer nicht mehr gesehen. Lass uns zum Meer fahren und es betrachten, bis wir zum Ozean werden!

(Eva teilt eine Extasy-Pille und legt die Hälfte auf meine Zunge. Still brechen wir auf und fahren los. Wir setzen uns ans Meer und schweigen. Die Sonne geht auf. Sie geht unter. Sie geht auf. Wir springen nackt in unsere Fluten.)

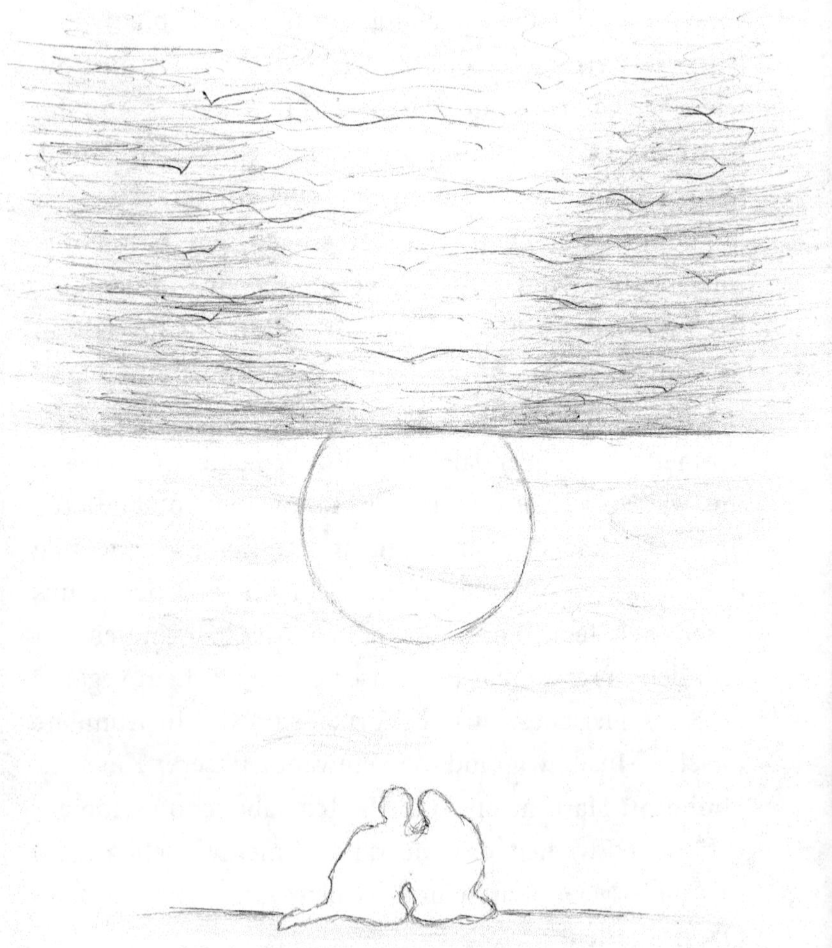

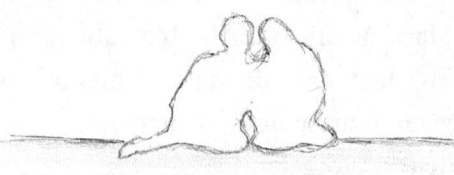

Nachwort von Maren
Eva backt täglich zwei Brote.

Bonus Track: Alternatives Nachwort von Maren (gestrichene Version)

~~Ob man an Magie glaubt oder nicht, es gibt magische Nächte, die knistern und funkeln und unser Leben verändern. Das Interview mit Eva war für mich der Auftakt für ein neues Leben. Wir saßen am Meer und betrachteten die Wellen. In diesen Stunden hat sie mir schweigend mehr erzählt als im Interview. Zum magischen Vokabular gehört auch der Begriff der Aura. Das Interview mit Eva erzählt nur die halbe Wahrheit, ausgespart wird ihre Aura, die sie wie ein Schutzschild umgibt, die wie ein ätherisches Öl in der Luft liegt, mehr erzählt, als man in Worte fassen kann. Sie färbt ihre Umgebung mit ihrer Aura, und vielleicht ist das ihre größte Kunst. Wir schwiegen am Meer, atmeten mit den Wellen, unsere Gedanken schmiegten sich an die ewigen Wellen. Wir hörten auf zu sollen und wollten nur Meer, nur Meer.~~
~~Beim Nachhauseweg sagte sie an einer Autobahnabfahrt: „Hier abfahren." Wir fuhren ab, und sie geleitete mich in eine kleine Landkommune in der Nähe von Immensen. Und um es kurz zu machen. Seit diesem Tag leben wir in der Kommune und führen eine sehr offene Beziehung. Wir stehen morgens auf, und wenn das Wetter es erlaubt, gehen wir in einem nahe gelegenen Waldsee schwimmen. Eva backt täglich zwei Brote, und ich empfange einmal im Monat einen Interviewgast, den ich für einen kleinen~~

Verlag interviewe. Eva ist schwanger und ihre nächste Performance wird in ihren Worten. eine Performance mit viel Schmerz, Schleim und Gefühl mit dem Titel ‚Giving Life live". Und was kommt danach? Wir wissen es nicht. Wir leben von Stunde zu Stunde, von Tag zu Tag. Das Leben ist eine Performance, die man der Geburt beginnt und mit dem Tod endet. Ein funkelndes und knisterndes Meer. Und was wollen wir mehr?

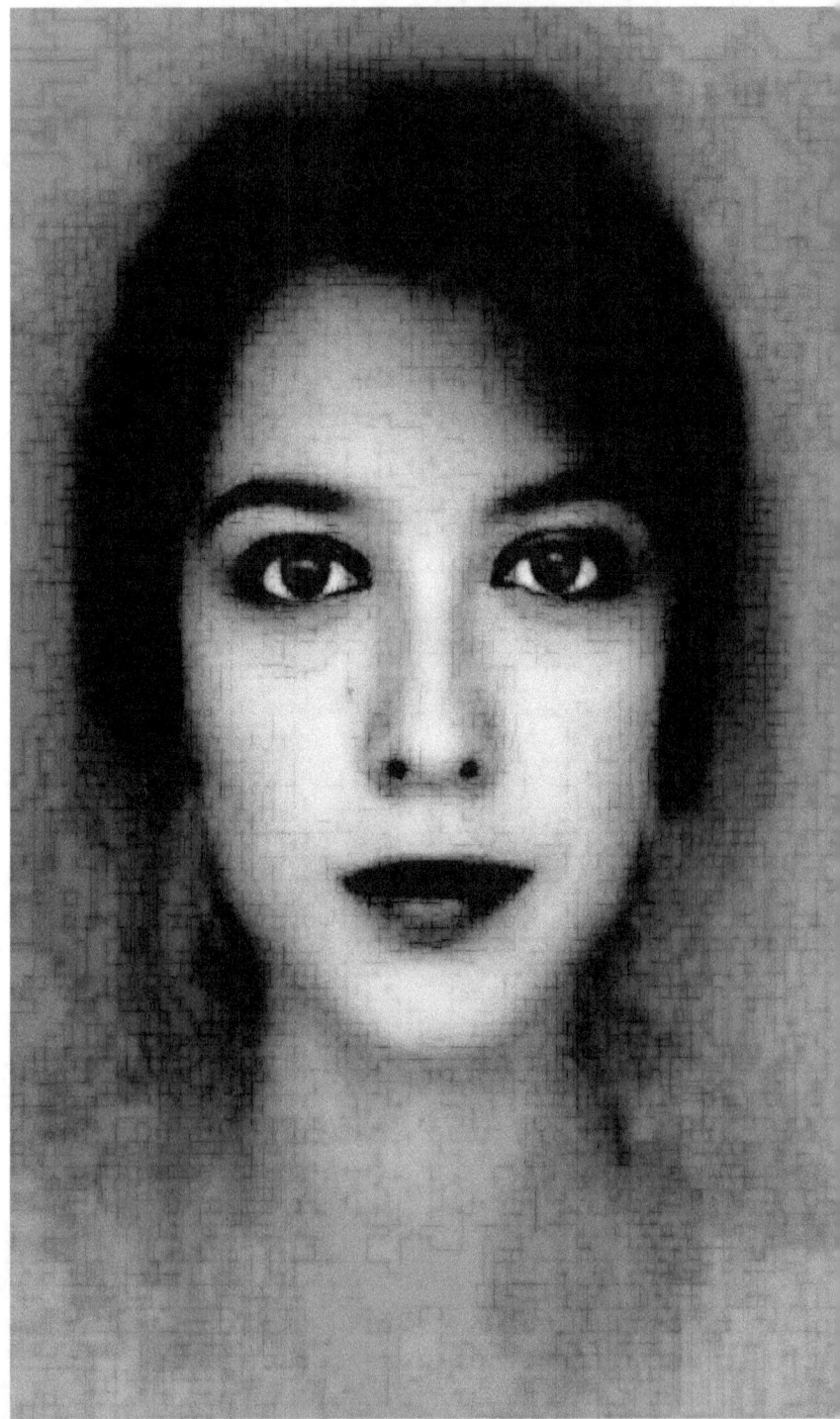

www.ingramcontent.com/pod-product-compliance
Lightning Source LLC
Chambersburg PA
CBHW070813180526
45168CB00002B/606